Dany Bouchard

RENÉ
L'HOMME QUI SAVAIT RÊVER

ÉDITRICE : Marie Labrecque
RÉVISION LINGUISTIQUE : Françoise Major
CORRECTION D'ÉPREUVES : Ariane Caron-Lacoste
COORDINATION DE LA PRODUCTION : Ariane Caron-Lacoste
MISE EN PAGES : Anne Sol

Photo de couverture : Archives. Martin Bouffard/*Le Journal de Montréal*
Photo de la quatrième de couverture : Archives. Jacques Bourdon/*Le Journal de Montréal*

Catalogage avant publication de Bibliothèque et Archives nationales du Québec et Bibliothèque et Archives Canada

Bouchard, Dany, 1979-
René : l'homme qui savait rêver
ISBN 978-2-89761-026-5
1. Angélil, René, 1942-2016. 2. Dion, Céline. 3. Baronets (Groupe musical).
4. Imprésarios - Québec (Province) - Biographies. 5. Chanteurs - Conjoints -
Québec (Province) - Biographies. I. Titre. II. Titre : Homme qui savait rêver.

ML429.A582B68 2016   782.42164092   C2016-940208-8

Les éditions du Journal
Groupe Ville-Marie Littérature inc.*
Une société de Québecor Média
1055, boul René-Lévesque Est, bureau 300
Montréal (Québec) H2L 4S5
Tél. : 514 523-7993, poste 4201
Téléc. : 514 282-7530
Courriel : info@leseditionsdujournal.com
Vice-président à l'édition : Martin Balthazar

Distributeur
Les Messageries ADP * inc.
2315, rue de la Province
Longueuil (Québec) J4G 1G4
Télé. : 450 640-1234
Téléc. : 450 674-6937
*filiale du groupe Sogides inc.
filiale de Québecor Média inc.

Les éditions du Journal bénéficient du soutien de la Société de développement des entreprises culturelles du Québec (SODEC) pour son programme d'édition.
Gouvernement du Québec – Programme de crédit d'impôt pour l'édition de livres – Gestion SODEC.

Financé par le gouvernement du Canada
Funded by the Government of Canada

Dany Bouchard

RENÉ

L'HOMME QUI SAVAIT RÊVER

Un homme d'honneur

J'ai encore le souvenir très clair de descendre les marches du sous-sol deux par deux, le téléphone vissé à l'oreille, pour courir vers mon bureau. À la hâte, j'ai attrapé un crayon et griffonné son numéro sur un bout de papier. Pressé, fébrile, j'avais tout de même pris soin de bien former chacun des chiffres, comme si je notais la combinaison gagnante du prochain tirage de la loterie.

C'était le numéro de son portable. Je devais l'appeler dès mon arrivée à Las Vegas. Sans plus d'indications. Aucun rendez-vous n'avait été fixé, aucune heure mentionnée.

J'étais si nerveux à l'idée de perdre le précieux numéro que je l'ai appris par cœur. Douze années plus tard, je peux encore le réciter. Il occupe un tiroir de ma mémoire, à côté du numéro de téléphone de mes parents.

*

J'ai connu René Angélil en 2004. À l'époque, Céline n'avait déjà rien à envier aux plus grandes vedettes de la musique. Elle brillait à l'affiche du Colosseum, les prix et les hommages pleuvaient, et ses disques s'envolaient par millions.

Un pied dans l'ombre et l'autre sous les projecteurs, René Angélil goûtait à une sorte de succès « stable », pendant que Céline montait, soir après soir, sur la scène d'un théâtre spécialement conçu pour elle.

Au premier abord, il m'a fasciné par son désir profond de partager le succès de sa protégée avec les Québécois, elle qui comptait des admirateurs aux quatre coins du globe.

Les médias du Québec – dont *Le Journal de Montréal* – furent choyés d'avoir été les témoins d'une ascension comme celle de Céline, mais, surtout, d'avoir pu continuer à la suivre d'aussi près une fois sa notoriété planétaire acquise. D'ordinaire, des stars telles Michael Jackson, Madonna ou Britney Spears se réservent aux caméras d'animateurs comme Larry King, David Letterman ou Jimmy Fallon, une fois les plus hauts échelons gravis.

Grâce à René Angélil, les Québécois bénéficiaient d'une perspective privilégiée sur les entrailles de l'industrie du spectacle internationale, goûtaient aux coulisses des plus prestigieux événements et savouraient le succès d'une des leurs.

Les Baronets ont connu leur premier succès la même année où *Le Journal de Montréal* a été créé. En 1981, au début de la carrière de Céline, le quotidien avait déjà conquis une place de choix dans les habitudes de lecture des Québécois.

Au fil des ans, les équipes de journalistes et de photographes se sont relayées auprès de René Angélil et de Céline Dion afin de couvrir chacun des moments marquants qui les conduiraient aux sommets que l'on connaît aujourd'hui.

Dany Bouchard en entrevue avec René Angélil (Las Vegas, mars 2011). Archives. Jocelyn Malette/*Le Journal de Montréal*

Avec les dizaines d'entrevues et les centaines de photos qui ont servi à la confection de cet ouvrage, le célèbre couple a transformé les reporters en historiens du présent. Placées bout à bout, ces publications racontent le cheminement d'une petite fille vers les plus hautes sphères de l'industrie musicale, mais surtout la vision de celui qui l'y a conduit. Sans les accès privilégiés, les entrevues offertes à la dérobée et les entretiens-fleuves où tombaient les barrières, la vie de Céline, intimement liée à celle de René, n'aurait ja mais pu être documentée de la sorte.

Loyal mais surtout honnête, René Angélil n'a jamais esquivé une question. Parfois il fronçait les sourcils, tirait légèrement la langue, mais il finissait toujours par répondre aux journalistes.

Son « Salut champion » lancé à l'un, sa tape amicale derrière l'épaule d'un autre, ne le transformaient pas en complice des médias, capable de manipuler leurs écrits. Ces gestes amicaux représentaient une façon de témoigner sa confiance, de reconnaître ceux qu'il savaient capables de rapporter ses propos sans les déformer, tout en respectant le recul propre aux journalistes.

Au fil des années, j'ai eu la chance de passer de nombreux moments en sa compagnie. René Angélil adorait parler chiffres, stratégies. Il aimait aussi discourir sur Elvis, l'une de nos idoles communes.

Je me souviens de l'avoir attendu des heures devant son hôtel à Chicago, avant de nous rendre sur le plateau d'Oprah Winfrey. La mâchoire serrée par le froid, j'avais eu peine à le saluer quand il m'avait demandé pourquoi je ne l'avais pas appelé pour attendre à l'intérieur, avec eux.

peu retenu, après avoir fait un bon coup, on ne pouvait faire autrement que d'espérer lui ressembler un jour.

Visionnaire et ambitieux, il avait visé les étoiles en écoutant la voix d'une petite fille, enregistrée sur une cassette par une mère qui croyait au destin. De sa voix déjà unique, reconnaissable entre mille, la petite fille chantait « Ce n'était qu'un rêve ».

Céline ne le savait pas encore. C'était bien plus qu'un rêve qui l'attendait aux côtés de René Angélil.

Dany Bouchard

Dany Bouchard en entrevue avec René Angélil (Las Vegas, mars 2011). Archives. Jocelyn Malette/*Le Journal de Montréal*

Je me souviens de ces moments passés dans les coulisses d'un spectacle ou d'un gala, à Las Vegas ou à Los Angeles ; je l'observais vaquer à ses occupations, donner ses indications de dernière minute à Céline.

Le voir sceller ses engagements par un « Tout va être correct » m'a appris qu'il fallait avoir confiance en la parole de ceux qui savaient l'honorer.

Devant cet homme dans la soixantaine, émerveillé comme un enfant de 5 ans lorsqu'il découvrait l'une des tenues de la chanteuse, ou pouffant d'un petit rire étouffé, un

Sommaire

Quand je m'endors contre ton corps
Alors je n'ai plus de doute
L'amour existe encore

« L'amour existe encore », *Dion chante Plamondon* (1991)

L'alliance

Céline et René, c'est d'abord la rencontre entre le talent et son gestionnaire, l'union parfaite de deux forces qui, ensemble, sont capables d'affronter mers et tempêtes. Sans l'un, l'autre n'aurait pu accomplir autant – et vice versa.

Céline et René, c'est aussi et surtout une histoire d'amour basée sur un profond respect, une complicité construite au moyen de regards tendres, et une générosité qui vaut plus que tous les mots d'un livre. Ce véritable « power couple » a réalisé des projets grandioses, résultats d'une féroce volonté commune.

À l'aube de leur alliance, René Angélil n'était qu'un jeune impresario, mais il comptait tout de même plus d'années d'expérience que sa protégée à la voix d'or. Il était alors évident qu'il occupait un rôle de meneur.

Lorsque l'amour est entré en ligne de compte, les facettes de leur relation se sont décuplées. René est apparu comme un agent brillant, à la détermination inébranlable, alors que Céline se révélait comme une artiste épanouie. Capable des plus grandes réalisations, elle se laissait guider par son talent, mais surtout par son cœur.

Le célèbre couple se marie le 17 décembre 1994 à la basilique Notre-Dame, à Montréal. Les cartons d'invitation arborent leurs initiales, « CR », bien en évidence. Archives/*Le Journal de Montréal*

Septembre 1994. René et Céline ont révélé leur amour au public un an plus tôt, à l'occasion du lancement de l'album *The Colour of My Love* ; la chanteuse surfe sur le succès avec des titres comme « Misled » et « Think Twice ». Leur mariage sera célébré trois mois plus tard.

Archives/*Le Journal de Montréal*

« Je pense qu'au début de ma relation avec René, j'ai essayé de l'impressionner et je suis tombée amoureuse de lui », a-t-elle raconté en conférence de presse à l'été 2015, avant de commencer une série de spectacles au Caesars Palace de Las Vegas.

S'ils ont attendu cinq ans avant d'annoncer publiquement leur amour, lors du lancement de l'album *The Colour of My Love*, en 1993, c'est qu'ils redoutaient la réception de la nouvelle. « Je n'avais pas le droit de décevoir les gens, a expliqué la chanteuse. Certains de mes amis m'ont souvent dit : "Tu as le droit à ta vie, Céline, ne te préoccupe pas de ce que peuvent penser Monsieur et Madame Tout-le-Monde." Mais c'est trop facile d'agir ainsi. Je suis un personnage public et,

sans eux, je ne suis plus rien, je n'ai plus de gagne-pain. »

« Céline doit tout à son public, a ajouté René. Oui, cela nous aurait vraiment dérangés qu'il ne nous accepte pas comme couple. »

*

Bien peu de gens ont connu un destin aussi fascinant que celui de René ou de Céline.

Constamment occupé à bâtir l'une des plus grandes carrières artistiques que la scène ait vues depuis 30 ans, René n'a eu, dans les faits, qu'un seul alter ego capable de comprendre son cheminement : Céline.

Tous deux connaissent les sacrifices qu'il a dû faire. L'étendue des relations qu'il a su développer pour arriver au sommet. L'ampleur du travail qu'ils ont abattu, la force des tempêtes qu'ils ont traversées pour atteindre les objectifs fixés – souvent publics, parfois secrets.

Leur amour s'exprimait dans de petits gestes qui marquent les souvenirs de ceux qui les ont entourés : René qui touche la main de la chanteuse pendant qu'elle parle ; Céline qui, deux minutes avant de monter sur scène, s'accroupit malgré sa robe étroite pour ajuster l'habit de René. Cet amour, des plus sincères et authentiques, fut l'une des grandes histoires – sinon la plus grande – de leur parcours.

En 1994, peu de temps après avoir officialisé leur union devant 500 invités à la basilique Notre-Dame, le couple rencontrait les médias. « Céline est la femme de ma vie. C'est certain. Je suis ravi de la femme qu'elle est devenue. Si pure, si belle en dedans », avait confié René.

« C'est merveilleux de partager un conte de fées, avait renchéri la jeune mariée de 26 ans. J'ai vécu cette journée instant par instant. Je l'attendais depuis toujours. René, c'est l'homme de ma vie. Il accepte tout de moi y compris mes défauts. »

Qu'il soit d'accord ou non avec les choix artistiques ou personnels de son épouse, René Angélil n'a jamais remis en question publiquement les prises de position ou les décisions de celle-ci. La même réserve peut être attribuée à Céline : jamais on ne l'a vu dou-

ter de la valeur d'un contrat ou d'une déclaration de René. Tous deux ont été constants dans leur solidarité pour l'autre, preuve du respect mutuel qu'ils se sont voué durant toutes ces années.

Lorsque Céline est devenue mère, elle s'est montrée sous un jour nouveau à son amoureux, sincèrement impressionné par ses multiples talents.

« Je suis certain que ça l'a transformée, avançait René Angélil en 2012. Être une maman, c'est un grand amour. Quand tu te sens comme ça, tu peux donner encore plus. Elle chante avec son cœur. »

« Je vais voir tous ses spectacles. Elle en a fait plus de 800 à Las Vegas. Je les ai tous vus, je ne me tanne pas. C'est sûr qu'elle m'impressionne, de plus en plus, même. Premièrement, comme maman. Elle ne dort presque pas la nuit, elle s'occupe de ses enfants. [...] La musique, c'est sa passion, mais son amour premier est pour sa famille. C'est très impressionnant. À voir l'énergie qu'elle a pour le métier, mais c'est deux fois ça quand elle est à la maison ! »

Le monde du showbiz déborde de couples formés d'artistes, d'impresarios, de producteurs ou de réalisateurs, qui se font et se défont au gré des projets qui les rassemblent. René et Céline ont toujours vécu leur union

Céline souligne son 30ᵉ anniversaire de naissance aux côtés de René. Tous deux prennent la pose devant son gigantesque gâteau en forme de microsillon, une production « Thérèse et Adhémar » (1998).

Archives. Gilles Lafrance/*Le Journal de Montréal*

L'humour de Céline faisait beaucoup rire René. À Las Vegas, en 2006, le Musée Grévin dévoile une représentation en cire de la chanteuse : elle porte la robe bleu marine que celle-ci a revêtue en 1998 pour la cérémonie des Oscars, où « My Heart Will Go On » remportait le prix de la meilleure chanson de bande sonore. « Avec les deux femmes de sa vie ! », lance Céline à la blague alors que René prend la pose, amusé, entre son épouse et la statue.
Archives. Martin Bouffard/*Le Journal de Montréal*

comme un grand livre ouvert – de leur mariage télédiffusé et couvert par 200 représentants des médias jusqu'à un dîner photographié par *Paris Match* –, mais ils ont eu la sagesse et la prudence de se garder un jardin secret, coupé de leur vie publique si intensément liée à la musique et à la scène. « Il n'a rien dans la maison qui lui rappelle le show business. On n'y voit aucun trophée, aucune photo d'elle en star de la chanson. [...] Céline est avant tout une mère et à la maison, elle ne laisse aucune place au métier. Ce sont deux planètes différentes, et c'est ce qui a fait son succès je crois », confiait René en 2012.

Sur l'album *D'elles*, paru en 2007, Céline enregistrait les paroles de la chanson « Les Paradis » : « Partir n'est pas quitter/Le premier amour est le dernier/Mes paradis ne sont pas sur terre/Je veux retrouver la lumière. » C'était avant de savoir que René serait frappé pour la seconde fois par le cancer, à peine quelques mois plus tard.

« René est un champion », a-t-elle dit en 2015, au magazine *Taste of Life* alors qu'elle préparait son retour à la scène. « Je l'ai aimé toute ma vie. Je ne veux pas paraître prétentieuse, mais je suis sa chanteuse préférée et il veut me revoir sur scène. » Dans un touchant entretien accordé au quotidien *USA Today* en août de la même année, elle a raconté comment elle composait avec la maladie de son amoureux : « Je vais dire à René : "As-tu peur ? Je comprends. Parle-m'en." Et René me dit : "Je veux mourir dans tes bras." OK. Parfait. Je serai là. Tu mourras dans mes bras. »

La sincérité absolue de leurs sentiments a eu raison de leurs pires appréhensions et leur a permis de relever les plus grands défis. Après tout, ne dit-on pas que l'amour peut déplacer des montagnes ?

Il n'y a rien sur notre chemin, bébé
Rien que notre amour ne puisse surmonter
Nous pouvons traverser la nuit
Nous pouvons atteindre la lumière
Aussi longtemps que notre amour éclairera
*   le chemin.*

« Love Can Move Mountains » (traduction libre),
Celine Dion (1992)

En 1998, Céline a 30 ans et connaît un succès planétaire avec « My Heart Will Go On ». En décembre de la même année, elle propose un album de Noël en anglais, *These Are Special Times*. À cette époque, le *Journal de Montréal* réalise une session de photos unique dans l'avion où voyage le couple. Archives. Gilles Lafrance/*Le Journal de Montréal*

En 2004, un an après le début de l'aventure *A New Day...* à Las Vegas, le couple savoure son succès et son amour.
Archives. Gilles Lafrance/*Le Journal de Montréal*

Je vais les routes et je vais les frontières
Je sens, j'écoute, et j'apprends, je vois
Le temps s'égoutte au long des fuseaux horaires
Je prends, je donne, avais-je le choix ?

« Destin », *D'eux* (1995)

L'agent d'artistes

En octobre 1983, la pétillante Céline Dion a 15 ans et vient de lancer son quatrième album, *Les Chemins de ma maison*. On la voit ici avec René, qui n'est alors que son impresario. Archives. Yvon Caron/*Le Journal de Québec*

« Moi, je m'occupe de business et Céline chante. Je lui enlève le plus de pression possible, elle en a déjà assez. »

Impresario avant d'être mari, René Angélil connaissait tous les rouages du métier : il y a plongé à titre d'artiste et en est ressurgi comme l'un des plus grands agents de la scène artistique mondiale. L'homme était un fin stratège, doublé d'un instinct à toute épreuve. Il a su cogner aux bonnes portes, dire ce qu'il fallait aux bonnes personnes. Pour Céline, en qui il a immédiatement cru, il a monté un plan de carrière jalonné de succès – les échecs, mineurs, se comptent sur les doigts d'une main.

« Elle ne peut pas faire plus que ce qu'elle a fait. Elle a eu deux oscars, des Grammy [...]. C'est difficile de faire mieux. Elle a fait des tournées mondiales qui ont été *sold out* partout. Et la série de spectacles à Las Vegas, il n'y a pas beaucoup d'artistes qui pourraient faire ça. Peut-être dix au maximum dans le monde », confiait-il en 2012, à l'issue d'une étape de promotion en sol parisien.

Le rôle de René, sur le plan professionnel, a toujours été très clair : elle est la voix ; il est le réalisateur, le producteur, le guide. Il concrétise les rêves de sa protégée en lui procurant le meilleur environnement qui soit, aux conditions les plus justes.

René Angélil dans la loge du Colosseum, un an après le début des représentations de *A New Day...* Jamais avare de conseils pour sa protégée, il a assisté à presque tous ses spectacles. (2004) Archives. Gilles Lafrance/*Le Journal de Montréal*

En 1999, lorsqu'elle a assisté à une représentation du spectacle *O* du Cirque du Soleil à Las Vegas, Céline a elle-même évoqué le souhait de se produire de façon permanente dans la ville du jeu, un concept particulièrement ambitieux à cette époque où aucun autre artiste n'avait tenté le coup. Et puis Las Vegas n'avait pas la réputation enviable qu'elle a aujourd'hui.

Avec son bâton de pèlerin, René Angélil a multiplié les efforts pour réaliser cette idée à laquelle bien peu de gens croyaient. Il a convaincu des dirigeants de casinos, des maisons de disques, un metteur en scène et tout un orchestre de les suivre dans cette aventure qui a connu un succès sans précédent, propre à faire rougir n'importe quel homme d'affaires.

« À Las Vegas, ça ne s'était jamais fait auparavant, de donner 723 spectacles à guichets fermés. C'est la première fois depuis Elvis Presley qu'une superstar s'installe ici [...]. On a remonté le niveau des spectacles d'artistes populaires qui viennent ici. Ce qu'on a fait, c'est qu'on a mis la barre un peu plus haut », confiait-il à la fin d'une première série de représentations au Colosseum du Caesars Palace.

René Angélil, à titre d'agent d'artistes, a toujours porté une grande attention aux détails, des tenues de Céline jusqu'à l'ordre des chansons interprétées en spectacle. Cette photo a été prise en 2007, quelques minutes avant que la chanteuse ne monte sur la scène des American Music Awards.
Archives. Martin Bouffard/*Le Journal de Montréal*

Cette expérience fut particulièrement intense. « On a trouvé que c'était beaucoup. Elle faisait environ 160 spectacles par année. En discutant, on s'est dit que c'était mieux de faire 70 shows. Ce serait parfait. La salle est toujours pleine à 100 %. On a fait au-dessus de 800 spectacles *sold out*. Céline, c'est un phénomène. »

*

Les résultats de ses calculs, des efforts et des sacrifices parlent d'eux-mêmes : connue aux quatre coins du globe, Céline Dion est aujourd'hui l'une des artistes ayant vendu le plus d'albums de l'histoire – plus de 175 millions.

« C'est d'autant plus important d'avoir un gérant qui sait vous comprendre et, souvent, ce sont les gens les plus proches de vous [qui en sont capables], faisait remarquer l'imprésario en mars 2012. Le métier est de plus en plus difficile, il faut être bien conseillé, être appuyé à chaque étape : je sais que Céline et moi nous avons eu cette force. D'autres artistes n'ont pas cette chance, mais on voit dans ceux qui ont eu de grandes carrières la présence de cette stabilité : Barbara Streisand a le même gérant depuis 40 ans. »

Au 40e anniversaire de naissance de la chanteuse, René a souligné la capacité de celle-ci à « dealer avec la gloire et la notoriété », une qualité primordiale pour réussir dans le monde du showbiz. « Elle est restée la même : naturelle, sincère et accessible, comme au premier jour », a-t-il avancé en 2006.

Celui qui a rarement manqué un spectacle de sa protégée – « Elle en a fait au-dessus de 800 à Las Vegas. Je les ai tous vus, je ne me tanne pas », confiait-il en 2012 – a révélé avoir une chanson préférée parmi toutes celles que Céline a enregistrées : « Pour que tu m'aimes encore », écrite par Jean-Jacques Goldman et parue sur l'album *D'eux* en 1995 : « C'est la plus belle chanson d'amour qui ait été écrite », estime-t-il.

Même à 70 ans, René Angélil restait à l'avant-garde de la musique, au fait des nouveautés et des dernières avancées. Assis devant le téléviseur de la loge de Céline, il prédisait avec succès les artistes qui monteraient sur scène pour cueillir un prix lors des galas de l'industrie de la musique.

Véritable passionné des chiffres, il connaissait les ventes de chacun des albums de Céline par cœur. Il était aussi capable d'expliquer les facteurs leur ayant nui ou contribué.

René Angélil fut présent à chaque grand moment de la vie et de la carrière de la chanteuse, comme ici, en avril 1998, alors qu'elle est nommée Officier de l'Ordre national du Québec. Archives. Serge Lapointe/*Le Journal de Québec*

« Internet bouscule tout, change les règles. Les compagnies de disques investissent moins sur l'artiste, analysait-il en 2009. On aurait réussi quand même, car le talent de Céline est exceptionnel, mais il n'y a pas de recette magique. Pour réussir, c'est le travail, le travail, le travail et une discipline quotidienne extraordinaire. Quand je pense que ça fait 28 ans que je connais Céline, je ne le crois pas. C'est comme si c'était hier. Tout s'est passé tellement vite. »

« Au début, c'est moi qui prenais la pression. Aujourd'hui, rendue au sommet, c'est elle qui a la plus grosse pression ; moi, je demeure son guide. Au début, il fallait que je prenne les bonnes décisions, il ne fallait pas se tromper. Être au sommet apporte la gloire, certes, mais aussi beaucoup d'exigences. »

D'un calme légendaire, toujours posé et réfléchi, l'impresario n'était jamais à court d'idées ou de solutions. Il a su maintenir vif le feu sacré, même après toutes ces années.

« Le plus beau compliment qu'on puisse me faire, c'est de me dire que j'ai deviné ce que le public voulait. »

Venez, tous les garçons et les filles
Venez, nous chanterons en famille
Moi, j'ai mon visa pour les beaux jours
J'ai mon passeport couleur de l'amour

« Visa pour les beaux jours », *Tellement j'ai d'amour...* (1982)

Chef de clan

À peine 15 années séparent Thérèse Tanguay de son gendre René, entré dans sa vie en 1981. Archives. Thierry Avril/*Le Journal de Montréal*

Charismatique, droit comme un chêne, sage : René Angélil ne pouvait faire autrement que de devenir un chef de clan. Pour sa famille immédiate comme pour la fratrie Dion, il fut un port d'attache.

René était évidemment aux côtés de Céline en novembre 2003 lorsqu'Adhémar, le père de celle-ci, est décédé des suites d'un cancer des os à l'âge de 80 ans. À cette époque, il avait lui-même 61 ans, soit 4 années de plus que Denise, l'aînée de la famille Dion, composée de 14 frères et sœurs.

Au sein de sa belle-famille, il a été fidèle à lui-même : respectueux, généreux et présent. Jamais il ne se serait imaginé comme le successeur du patriarche, mais il est devenu évident, en raison de son âge, de sa maturité et de son expérience, que son rôle auprès du clan serait plus important que jamais.

Élevés dans la musique, la quasi-totalité des enfants d'Adhémar Dion et de Thérèse Tanguay ont un talent pour la scène, mais c'est évidemment le succès de Céline qui a transformé leur nom en l'un des plus réputés de l'industrie. Sans cette carrière phénoménale, les Québécois n'auraient sans doute jamais connu et adopté Maman Dion, ni découvert, comme le public français, la voix de Claudette.

René Angélil, habitué comme Céline à laisser parler son cœur tout en mesurant ses confidences, a toujours pu compter sur la discrétion de la famille Dion : celle-ci a rapidement compris les conséquences que pouvaient avoir ses faits et gestes sur la carrière de leur célèbre sœur. Un mauvais coup de leur part leur aurait valu d'être associé à Céline dans les médias, ou une confidence de trop sur le couple aurait facilement pu se retrouver en manchette des plus grands journeaux.

Ce n'est un secret pour personne que Thérèse Dion n'a pas accepté d'emblée les sentiments de sa fille pour un homme qui avait 26 ans de plus qu'elle. Or, elle a par la suite su se montrer très fière de ce que celui-ci a accompli, et reconnaître son importance dans la vie de Céline.

Mieux que quiconque, René Angélil a toujours différencié son double rôle. Au sein de la famille Dion, il était le gendre de Thérèse et d'Adhémar, le beau-frère de Liette, de Daniel, de Paul, de Pauline et du reste de la fratrie, mais, pour certains, comme Michel, il était aussi un patron. Régisseur de scène, notamment pour les spectacles de Las Vegas, ce dernier ne s'est jamais éloigné de sa

Alice Angélil Sara, la mère de René Angélil, monte sur la scène du gala de l'ADISQ en novembre 1996, alors que l'industrie rend hommage à son fils. Pour cette rare apparition publique, elle est accompagnée de sa petite-fille Anne-Marie. Madame Angélil Sara décédera l'année suivante à l'âge de 82 ans.
Archives. Alfred Lanctôt/*Le Journal de Montréal*

Thérèse Tanguay a pris en main la carrière de sa benjamine en faisant parvenir un enregistrement de sa voix à René Angélil. Sans le savoir, la Gaspésienne d'origine venait de commencer à écrire l'une des plus prolifiques histoires de la scène musicale internationale. Archives. Claude Rivest/*Le Journal de Montréal*

petite sœur. Il aimait lui jouer des tours avec la complicité de l'équipe lors des représentations du dimanche soir qui précédaient un long congé.

Du reste, Céline et René ont pu compter sur la précieuse aide de Linda, l'une des sœurs de Céline, de neuf ans son aînée. Elle les a épaulés avec les enfants ; elle est d'ailleurs la marraine de René-Charles et des jumeaux, Nelson et Eddy.

*

Mariage, baptêmes et premières sont de grands événements, et la famille Dion a toujours ét présente aux côtés de Céline et de René, qui était un organisateur hors pair. Le couple ne s'arrêtait devant rien : la grande fête organisée au tournant du millénaire en témoigne. Céline, sur le point de s'accorder une pause, a d'abord donné un spectacle au Centre Molson. « Après le spectacle, un 747 nous attendait. On a amené 250 personnes, nos amis et nos familles à Las Vegas pour célébrer l'an 2000 », s'exclamait René Angélil 14 ans plus tard.

En somme, si Céline et René avaient énormément de points en commun, l'importance qu'ils attachaient à la famille était peut-être le plus important. « Parfois, je l'emmène [René-Charles] sur le *driving range*, ce que mon fils appelle le "gos tèain" (gros terrain) », racontait René en 2004, un an après le début des représentations de *A New Day...* « Ce genre d'activités, pour Céline et pour moi, c'est le top ! [...] Avant, notre principale priorité, ça aurait été le succès de ce show-là : maintenant, c'est René-Charles. »

Fiers du succès sans précédent que connaît leur fille, Thérèse et Adhémar se sont maintes fois mêlés aux dignitaires d'ici et d'ailleurs à l'occasion d'événements soulignant ses réussites. Sur la photo, ils posent, derrière René, aux côtés de Bernard Landry, de Sheila Copps et de Gérald Tremblay, rassemblés devant le Forum Pepsi, à Montréal, pour dévoiler une étoile en hommage à la chanteuse. (2002) Archives. Pierre-Yvon Pelletier/*Le Journal de Montréal*

Dévoilement
d'une ÉTOILE
Unveiling of a star

Promenade des
Célébrités   Walk of
FORUMPEPSI   Fame

Comme un enfant face à la mer
Souriant et apaisé
Tu trouves en moi quelques repères

« La mer et l'enfant », *Sans attendre* (2012)

Le père

En mars 1993, Céline célèbre son 25ᵉ anniversaire à la rotonde du Musée d'art contemporain de Montréal. Anne-Marie, l'unique fille de René, est au nombre des personnes présentes. Elle est alors âgée de 15 ans. Archives. Pierre-Yvon Pelletier/*Le Journal de Montréal*

Calme et posé comme son père, il a hérité des yeux rieurs de sa mère. René-Charles, de tous les enfants de René Angélil, est celui qui a reçu la plus grande attention médiatique.

Premier enfant du couple, il est né le 25 janvier 2001, neuf jours après le 59ᵉ anniversaire de René. Céline avait alors déjà atteint le rang des vedettes mondiales. Sa naissance a fait la manchette aux quatre coins de l'Amérique, et fut présentée comme la bonne nouvelle aux téléspectateurs d'Access Hollywood, une populaire émission de variétés américaine.

Six mois plus tard, son baptême était célébré à Montréal devant 250 invités réunis dans la chapelle de la basilique Notre-Dame, où Céline et René avaient uni leurs destinées sept ans plus tôt.

Le cortège s'est ensuite déplacé vers la résidence du couple sur l'île Gagnon, à Laval, où les attendait une somptueuse réception, tenue à l'œil par les policiers – la garde incluait une surveillance maritime et une patrouille aérienne ! Pour son entrée dans la vie publique, le poupon n'aurait guère pu demander moins discret.

Comme avec Céline, René s'est montré particulièrement protecteur à l'égard de René-Charles, d'abord en qualité de père, mais aussi parce qu'il connaissait mieux que quiconque le lourd poids que peut représenter une existence comme la leur.

« Nous ne voulons pas le bouleverser. On l'amène partout avec nous, mais nous tenons à ce qu'il ait une stabilité », confiait Céline en 2003.

Bien habillé, régulièrement suivi par le garde du corps de la famille, René-Charles a donc volontairement été mis à l'écart de cette vie qu'il n'a pas choisie – à deux ans, il ne pouvait toujours pas entendre sa mère chanter, puisqu'un simple « Joyeux Anniver-saire » le faisait pleurer, c'est tout dire ! Ses parents se chargeaient de raconter le nécessaire aux médias afin de combler la curiosité des fans.

N'empêche, le garçon a grandi devant la lentille des caméras. On l'a vu jouer au golf aux côtés de son père, courir dans le salon avec sa mère ; il a visiblement fait la joie de ses parents.

En 2008, à l'occasion du 40e anniversaire de Céline, qui fut célébré avec des proches alors que la tournée *Taking Chances* battait

Grande fierté de ses parents, René-Charles, qu'on voit ici à l'âge de 3 ans, est élevé à l'ombre des magnifiques montagnes de Las Vegas, où sa mère s'affaire à changer à tout jamais les règles du jeu. Archives. Gilles Lafrance/ *Le Journal de Montréal*

son plein à Sydney, en Australie, René Angélil s'est adressé à elle en usant de paroles simples mais touchantes pour résumer le solide lien qui les unissait tous les trois : « Il n'y a personne comme toi, tu es unique. Durant 32 ans, tu t'es préparée à être la meilleure mère du monde. René-Charles et moi sommes très chanceux de t'avoir comme pilier de nos cœurs et de nos vies. Bon anniversaire. Je t'adore. »

*

Bien que René-Charles soit le premier enfant du couple Dion-Angélil, il avait déjà, à sa naissance, deux demi-frères et une demi-sœur.

Patrick Angélil, le premier fils de l'impresario, est né le 28 janvier 1968, un peu plus d'un an après le mariage de celui-ci avec Denyse Duquette. À l'époque, René était une jeune vedette montante du showbiz québécois, révélé au public par son groupe Les Baronets.

Patrick a assurément hérité de plusieurs qualités professionnelles de son père : tous deux partagent le même charisme, la même prestance, la même assurance. Ce n'est probablement pas un hasard qu'il se soit beaucoup impliqué dans la carrière de Céline. Il a débuté « en vendant des t-shirts et en mon-

tant le drum », s'est-il lui-même souvenu en 2009, alors que *Taking Chances* s'arrêtait à Miami. À titre de gérant de tournée, c'est à lui que revient la tâche d'assurer leur confort, mais aussi de veiller aux moindres détails de l'organisation.

« La route est longue ; en pleine nuit, il faut tout démonter, pour tout remonter au petit matin dans une autre ville. On ne compte pas les heures. On travaille beaucoup, on n'a pas le choix. René et Céline vivent dans un autre univers que le nôtre, mais ils travaillent aussi très fort. Avec eux, la barre est haute, expliquait-il avant d'ajouter à propos du grand patron : Il n'est pas toujours facile. Il est têtu, et quand il a une idée en tête, ce

René Angélil a partagé sa vie avec la chanteuse et animatrice Anne Renée jusqu'au milieu des années 1980. De leur union sont nés deux enfants : Jean-Pierre et Anne-Marie. Archives/*Le Journal de Montréal*

n'est pas facile de le faire changer d'idée ! » C'est en 1972 que René Angélil s'est séparé de sa première épouse, après avoir fait la rencontre d'Anne Renée, née Manon Kerouac, alors qu'il travaillait aux côtés de Guy Cloutier.

Très jolie, la chanteuse devenue plus tard animatrice a fait craquer l'impresario avec ses traits fins qu'encadraient de longs cheveux blonds. Leur mariage a été célébré en 1973, et de leur union sont nés deux enfants, Jean-Pierre, le 23 mars 1974, et Anne-Marie, le 12 juin 1977.

Jean-Pierre et Anne-Marie Angélil ont un grand point en commun : leur discrétion.

De Jean-Pierre, nous savons que, comme René, il est amateur de poker. Il travaille dans le domaine de l'administration et du marketing. Anne-Marie, quant à elle, est la conjointe du chanteur Marc Dupré. Effacée de la vie publique, elle est l'unique fille de René.

En 2006, ce dernier avouait que la carrière qu'il a menée aux côtés de Céline a apporté son lot de sacrifices : « L'un de ceux-là, c'est de nous être éloignés de nos familles respectives, a-t-il souligné. J'ai quatre enfants : René-Charles, qui vit avec nous, Patrick, qui travaille avec nous à Las Vegas, mais il y a aussi Anne-Marie et Jean-Pierre, qui sont tous deux au Québec. Heureusement, ils

René Angélil a partagé sa vie avec la chanteuse et animatrice Anne Renée jusqu'au milieu des années quatre-vingt. De leur union sont nés deux enfants : Jean-Pierre et Anne-Marie. Archives/*Le Journal de Montréal*

viennent nous voir souvent, mais c'est un sacrifice de ne pas être avec eux. »

De passage sur le plateau de l'animateur Denis Lévesque en 2012, il a de nouveau confié ses inquiétudes quant à sa relation avec ses trois aînés : « Je me sens toujours coupable, même si les enfants me disent que non », avouait-il à propos du temps qu'il a souvent dû passer loin d'eux, occupé par sa carrière et ses nombreux déplacements. « Je ne pense jamais à l'âge... », a lancé René Angélil le jour de la naissance des jumeaux Eddy et Nelson, en 2010, au terme de six essais de fécondation in vitro. « L'important, c'est le moment présent, et je peux dire qu'aujourd'hui je suis un homme gâté et comblé. »

Il était alors à l'aube de devenir septuagénaire. L'année suivante, il répétait son bonheur d'être entouré des siens : « Je sais que je suis chanceux d'avoir cette famille-là après avoir passé 50 ans de ma vie dans un métier extrêmement exigeant où il est possible de tout perdre. » Son amour sans borne pour Céline transparaissait clairement au travers de sa reconnaissance.

« Elle est une mère formidable, je suis tellement heureux pour elle. C'est primordial qu'elle soit bien, et je sais que la naissance des jumeaux, qui vont grandir avec notre René-Charles, c'était son rêve. Réussir une carrière, c'est bien, mais une vie, c'est encore mieux. »

Celui qui peut t'aimer
Sans jamais te juger
Celui qui reste quand les autres t'ont déjà quitté
Je dis que si c'est un ami
Alors tu as bien réussi ta vie

« Hymne à l'amitié », *Les oiseaux du bonheur* (1984)

Amis pour la vie

Pour René Angélil, les rondes de golf ont toujours été l'occasion de passer du bon temps entre amis. On le voit en compagnie de Marc Verreault, de Patrick Roy et de Guy Cloutier – il n'a jamais été revu publiquement avec ce dernier après son arrestation en mars 2004.

Archives. André Viau/*Le Journal de Montréal*

Constamment placé dans l'œil du cyclone sous le regard des autres, René Angélil a appris très tôt à choisir ses relations. Il y avait les liens professionnels, d'affaires, et, dans une classe à part, ses amis. Des vrais. Une dizaine de personnes pas plus.

Ces gens ont pu compter sur lui, sur sa loyauté et sa générosité, à toute heure du jour ou de la nuit, peu importe le moment de l'année ou l'endroit où il se trouvait sur le globe. Ils ont été des complices, des confidents : une seconde famille qui lui permettait d'être lui-même ; d'être, l'espace d'un instant, comme tout le monde.

Avec eux, il a multiplié les rondes de golf au Mirage, sur les verts de Las Vegas ou en Flo-ride. Tels des membres de l'équipe ou de la famille, ils étaient là au sortir de la loge de Céline, en coulisses, ou parmi les techniciens réunis pour la préparation du spectacle.

Marc Verreault était l'un des plus grands amis de René. Les deux hommes ont fait connaissance à l'époque des Baronets : René chantait alors au Café de l'Est, où Marc Verreault était portier. Très impliqué dans le sport, et plus particulièrement avec les Anciens Canadiens (d'anciens sportifs qui se réunissent pour diverses occasions) ce dernier a toujours fait preuve de discrétion, ce qui a assurément plu à René.

Celui-ci a également pu compter sur Paul Sara, son cousin germain. Non seulement

La passion de René pour le golf ne date pas d'hier. Il était copropriétaire avec Céline du club Le Mirage de Terrebonne depuis 1997.
On le voit ici aux côtés de Rosaire Archambault, de Rock Cloutier et de Vincent Damphousse.

Archives. Pascal Ratthé/*Le Journal de Montréal*

discret lui aussi, Paul Sara était, à 19 ans, le plus jeune gérant de banque du pays. « J'ai eu la chance d'avoir mon cousin [...] comme gérant de banque [...] : il me prêtait de l'argent facilement. D'ailleurs, j'ai fait faillite en 1982 parce qu'il avait quitté la banque. L'autre gérant était plus strict. Paul savait que je remboursais toujours ce que j'empruntais », confia René en 2009.

C'est avec lui que René s'est associé pour fonder la chaîne de restaurants Nickels, dans les années 1990. Paul, qui partageait avec son cousin la passion du jeu, est aussi impliqué dans l'administration du restaurant Schwartz's, boulevard Saint-Laurent, à Montréal, que le célèbre couple a acheté.

René Angélil comptait aussi sur l'amitié de Pierre Lacroix. Le parcours professionnel de l'ex-directeur général des Nordiques et ex-président de l'Avalanche du Colorado l'impressionnait. Voisins des Dion-Angélil à Las Vegas, Pierre et Colombe, sa femme, ont été de tous les grands moments. À *Paris Match*, Céline révéla d'ailleurs que ce fut le premier qui conseilla à René, malade, de déléguer des tâches afin de prendre soin de lui.

L'avocat Jacques Desmarais, qui fut à la fois le conseiller juridique de l'impresario et son partenaire de jeu – notamment à Atlantic City, aux cotés de Ben Kaye, de Marc Verreault et de Paul Sara –, faisait également partie du cercle des privilégiés. C'est aussi le cas de Rosaire Archambault, héritier de la maison de musique du même nom avec qui René partagea bon nombre de rondes de golf, ou encore de Rodger Brulotte, proche du couple depuis l'époque où Céline chantait l'hymne national aux matchs des Expos. Compagnon de golf par excellence, Michel Bergeron, l'ex-entraîneur des Nordiques de Québec, est celui qui a fait découvrir le club Le Mirage à René Angélil en 1994. Celui-ci s'en porterait acquéreur trois ans plus tard.

En outre, l'impresario a développé des relations amicales et sincères avec plusieurs joueurs de l'industrie du spectacle.

Julie Snyder est assurément de ce nombre. La productrice télé, en qui René Angélil a placé toute sa confiance à de multiples occasions, lui a toujours voué un grand respect. Il est même devenu parrain de Romy, la fille de l'animatrice et de Pierre Karl Péladeau. « Romy a le plus beau des parrains, René Angélil, qui m'a parrainée en me donnant plein de belles leçons de vie et de travail, et la plus jolie fée marraine, Céline, qui aime tant les enfants et qui en est restée une », écrivait Julie Snyder sur Facebook en 2014, au lendemain du baptême.

Aldo Giampaolo reçut quant à lui une grande preuve de la confiance que René mettait en lui quand ce dernier lui a demandé de prendre les rênes de la carrière de Céline, la maladie le terrassant. Celui qui

Marc Verreault fut l'un des meilleurs amis de René Angélil : leur amitié remonte à l'époque des Baronets. Paul Sara, lui, était certes un membre de la famille, mais il fut avant toutes choses un fidèle ami et un conseiller de premier plan, en qualité de banquier et d'homme d'affaires avisé. (2012)
Archives. Chantal Poirier/*Le Journal de Montréal*

La relation professionnelle de la productrice et animatrice télé Julie Snyder et de René Angélil s'est muée en relation d'amitié sincère alors qu'il la conseillait, lui-même impressionné par sa détermination et son souci du travail impeccable. Leur complicité est ici évidente quelques jours avant le gala de l'ADISQ en 1996. Archives. Martin Chevalier et Luc Bélisle/*Le Journal de Montréal*

a fait sa marque à titre de responsable des spectacles présentés au Forum de Montréal et au Centre Bell, avant de travailler pour le Cirque du Soleil puis pour Québecor, a de nombreux points en commun avec René, à commencer par sa vaste connaissance de l'industrie et par son carnet de contacts bien remplis. « Finalement, cette association n'est que la suite logique d'une grande complicité, d'amitié et de respect mutuel », a fait savoir l'impresario par voie de communiqué, au moment d'annoncer l'entrée en fonction d'Aldo Giampaolo.

On dit souvent que les meilleurs sont seuls au sommet : dans le cas de René Angélil, il a su s'entourer d'une équipe de solides grimpeurs, qui l'a accompagné et soutenu jusqu'au dernier jour de sa vie.

Je vis de notes et je vis de lumière
Je virevolte à vos cris, vos mains

« Destin », *D'eux* (1995)

Les Baronets

Mai 1964. Le Québec était dirigé par Jean Lesage, General Motors s'installait à Blainville, et Pierre Péladeau s'apprêtait à faire paraître la première édition du *Journal de Montréal*, le mois suivant.

Sur la scène musicale, Mary Wells trônait au sommet du palmarès américain avec « My Guy », mais, au Québec, un hit différent prit d'assaut les ondes : « C'est fou mais c'est tout », une chanson des Beatles adaptée en français. L'originale était sortie en novembre 1963 sur *With The Beatles*, le deuxième album du groupe britannique.

Les interprètes de cette adaptation s'appelaient Pierre Labelle, Jean Beaulne et René Angélil : ils formaient Les Baronets depuis quelques années, mais connaissaient jusque-là un succès plus discret, surtout attribuable à leur titre « Johanne ».

Avec « C'est fou mais c'est tout », les trois jeunes hommes devinrent les coqueluches des caméras. On les invitait à exécuter leurs pas de danse rudimentaires sur des plateaux, comme celui de Jeunesse d'aujourd'hui.

L'air juvénile, le visage traversé par un large sourire, René Angélil se faisait aller les bras de chaque côté du corps, son épaisse chevelure sombre se baladant au gré de ses mouvements. Le public québécois venait de l'adopter pour les 50 années à venir.

*

Les Baronets sont nés d'une amitié qui avait germé au collège Saint-Viateur. Amoureux

Sacré groupe le plus spectaculaire de l'année 1964, les Baronets connaissent leur heure de gloire dans les années 1960 avant de se dissoudre en 1972, deux ans après le départ de Jean Beaulne. Archives/*Le Journal de Montréal*

Ben Kaye, le gérant des Baronets, a joué un rôle important dans le cheminement de René Angélil (ici, sur une photo prise en 1995). Les deux hommes entretiendront une relation amicale et professionnelle jusqu'à la mort de Ben Kaye, en 2007.

Archives. André Viau/*Le Journal de Montréal*

de la musique, les trois hommes ont d'abord participé à des concours amateurs avant de se faire remarquer. Dans leur carrière artistique, les trois camarades furent guidés par Ben Kaye, leur agent, appuyé par Yvan Dufresne.

Kaye, connu pour son apport aux succès des Baronets et des Classels, a composé quelques chansons, telles que « Le sentier de neige » et « Ton amour a changé ma vie », deux classiques du répertoire québécois. Il a joué un rôle d'importance pour René Angélil : en devenant son mentor, il lui a donné le goût de devenir lui-même agent d'artistes.

Décédé d'un cancer en 2007, Ben Kaye a, dans les dernières années de sa vie, édité les chansons de Céline Dion, une mission que René Angélil lui avait confiée.

*

C'est le 14 février 1961, au bar La Feuille d'érable de Laval, que les Baronets sont montés sur scène pour la toute première fois. Ils étaient alors un quatuor, auquel participait Gilles Petit. Quatre jours après cette prestation, ce dernier choisit de quitter le groupe sur les conseils de ses parents, qui jugeaient leur aventure musicale trop risquée.

En 2009, sur le plateau de l'émission Star Académie, René Angélil propose un pot-pourri de succès des Baronets, accompagné de Michel Rivard et de Patrick Huard. Archives. Jocelyn Malette/*Le Journal de Montréal*

« Un an après La Feuille d'érable, nous étions sur la scène du Casa Loma, l'endroit où tous les artistes de l'époque voulaient se produire », se rappelait René Angélil, appelé à remonter dans ses souvenirs, 50 ans après leur premier spectacle.

À l'époque, il travaillait avec deux professeurs de chant, Roger Séguin et Georges Tremblay. « Ils nous disaient : "Les petits gars, si vous faites ce métier, ne le faites pas pour l'argent, mais parce que vous aimez chanter" », raconte Angélil.

En 1964, les Baronets décrochaient le trophée du groupe le plus spectaculaire de l'année lors du Gala des Artistes, celui-là même où Ginette Reno fut élue découverte de l'année. Surfant sur la beatlemania, ils récidivèrent avec de nouvelles adaptations, comme « Ça recommence » (version française de « It Won't Be Long », sortie en 1963) ou « Twist et chante » (« Twist and Shout », de l'album *Please Please Me*). Au fil de leur carrière, ils pigèrent également dans le répertoire de Dave Clark Five ou de Freddie and the Dreamers.

René Angélil et Jean Beaulne, 40 ans après la dissolution du groupe les Baronets. Pierre Labelle, avec qui ils ont connu le succès, est décédé en 2000. Archives. Chantal Poirier/*Le Journal de Montréal*

En 1965 paraissaient « Je suis fou » et « C'est le Freddie », puis, en 1966, « Seul sans toi ». Ben Kaye parvint alors à programmer des spectacles du groupe à Atlantic City, au Texas, et à Porto Rico. Jean Beaulne quitta le groupe et fut remplacé par Jean-Guy Chapados. La même année, le trio était rebaptisé Les Nouveaux Baronets.

Jean Beaulne revint sur sa décision, avant de renoncer définitivement à ses activités de chanteur pour entamer, en 1970, une carrière d'agent d'artistes auprès de groupes comme Les Bel Canto et Les Bel Air. Pierre Labelle et René Angélil ont quant à eux continué l'aventure des Baronets jusqu'en 1972, avec de nouveaux titres comme « Rita mon amour » et « La complainte de Tarzan ».

« Quelle route ce fut, remplie de défis, d'expériences et surtout, on était persuadés d'avoir fait ce métier pour les bonnes raisons », récapitulait René Angélil en 2011.

Au fond de chaque cœur
Se trouve une étincelle magique
Qui allume le feu de notre imagination

« The Power of the Dream » (traduction libre),
The Collector's Series, Volume One (2000)

Le rêveur

Rêver est une chose. Se fixer des buts qui relèvent du rêve pour le commun des mortels en est une autre.

René Angélil a certes été un rêveur, mais un rêveur différent, habité par une détermination capable de donner vie à l'impossible.

À la dissolution des Baronets, il se tourna vers Guy Cloutier, alors agent de René Simard. Il ne fut pas l'impresario à proprement parler de la jeune vedette, mais plutôt l'associé de Cloutier, qu'il connut en 1961 et qui était fan des Baronets.

Une grande carrière se dessinait pour René Simard, qui avait remporté le Festival international de la chanson de Tokyo en 1974 : la compagnie CBS manifesta son intérêt pour lui. Or, Guy Cloutier et René Angélil exigèrent un million de dollars, et la maison de disques américaine abandonna le projet.

« On n'avait pas d'expérience [...] On n'a pas été les meilleurs managers de René Simard », reconnaissait René Angélil sur le plateau de l'animateur Denis Lévesque en 2012.

« On avait un avocat, pourtant, américain, qui trouvait ça correct de demander un million d'avance. On était en 1974.

Et puis, c'était l'avocat des Beatles. [...] Mais aujourd'hui, on sait très bien que, si on a la chance d'enregistrer avec une compagnie majeure américaine, un *major* comme on dit [...], quand une grosse compagnie est prête à investir beaucoup d'argent sur la production, sur la promotion [...], on est content, et c'est ça qui fait un artiste. »

Cet échec fut une dure leçon pour l'impresario, rêveur, certes, mais surtout ambitieux. Elle lui servirait des années plus tard, alors qu'il se trouverait de nouveau face à la direction de CBS, en 1990, pour Céline Dion cette fois : « Toutes mes mauvaises décisions m'ont servi dans ma vie. Je ne fais jamais la même erreur deux fois. »

René Angélil caressait d'ambitieux rêves pour une autre voix du Québec, Ginette Reno. Celle-ci enregistra d'ailleurs l'un de ses albums les plus marquants en carrière, *Je ne suis qu'une chanson*, alors qu'Angélil était son agent. La chanson-titre de ce disque, composée par Diane Juster, devint emblématique de la grande dame, et le disque dépassa le cap des 385 000 exemplaires vendus, un record inégalé au Québec pendant plus de 15 ans.

L'association Angélil-Reno fut de courte durée et, à son terme, l'impresario songea à quitter le métier. « Pour moi, c'était la fin du monde », confiait-il en 2007. Cette étape fut néanmoins déterminante, car elle fit germer d'autres rêves, plus grands, plus fous – pas chez lui, mais dans le cœur d'une autre ! Une illustre inconnue nommée Thérèse Dion.

« Nous produisions Ginette Reno et sur son album apparaissait mon nom comme manager. La mère de Céline a vu mon nom inscrit sur la pochette et m'a contacté. C'est pour cela que je dis que j'ai rencontré Céline grâce à Ginette Reno », se plaisait à raconter l'impresario en 2011. Le reste fait partie de l'histoire, avec les succès que l'on connaît.

*

Les moyens financiers de Céline et René ont permis à celui-ci de concrétiser bien des rêves « d'affaires ». Propriétaire de restaurants et d'un golf, il a même compté parmi les aspirants à l'acquisition des Canadiens de Montréal. En 2009, alors que le club de hockey et ses propriétés affiliées étaient à vendre, Québecor figurait au nombre des acheteurs intéressés, avec un coactionnaire, la Caisse de dépôt et placement du Québec, et un partenaire, les Productions Feeling – la société de gestion de René Angélil.

« [René Angélil est] un atout majeur pour assurer le succès de toute cette entreprise. Le Canadien et le Centre Bell, c'est du hockey et nous ferons tout ce que nous pouvons pour bâtir une bonne équipe. Mais c'est aussi une entreprise de divertissement. Avec monsieur Angélil, on peut compter sur une expertise extraordinaire », avançait à l'époque Pierre Karl Péladeau, alors président et chef de la direction de Québecor.

L'entreprise a finalement été acquise par un groupe d'acheteurs dirigés par la famille Molson.

*

Contrairement à d'autres, René Angélil n'a jamais réduit ses objectifs à la gloire et à la fortune. Publiquement, du moins, il se réjouissait davantage du succès d'un album que de ce qu'il avait pu empocher grâce à ses ventes.

Derrière les rêves qu'il a accomplis avec sa protégée se cachent quantité d'efforts surhumains, et la confirmation d'avoir saisi les occasions lorsqu'elles se présentaient. « J'ai travaillé très fort. Rien n'est jamais gagné, il ne faut jamais lâcher et surtout y croire. Céline et moi avons fait équipe et y avons cru », analysait-il au début de sa 50e année dans l'industrie du spectacle.

À la fin des années 1970, René Angélil a de grands projets pour Ginette Reno. Ils ont toujours eu beaucoup de respect l'un pour l'autre.
Archives. Olivier Jean/*Le Journal de Montréal*

Je crains les promesses et les serments
Les cris, les mots séduisants
Je me méfie si souvent de moi
Mais de toi, pas, toi je te crois

« Je crois toi », *S'il suffisait d'aimer* (1998)

La loyauté pour devise

René Angélil a toujours fait confiance à ses collaborateurs des premiers instants. On le voit ici avec l'animatrice et productrice Julie Snyder, ainsi qu'avec Mario Lefebvre, un ancien de Warner, de CBS/Sony et de Sélect qui a travaillé près d'une décennie avec lui au sein des Productions Feeling. Archives. Martin Bouffard/*Le Journal de Montréal*

Avec René Angélil, pas besoin de contrat ni même d'une poignée de main ! C'est par téléphone que l'impresario réglait la majorité de ses affaires.

« Tout va être correct. »

Quatre mots brefs, quatre mots simples. Prononcés doucement, mais qui, venant de lui, voulaient tout dire.

Jamais – sauf exception – il ne faisait marche arrière après avoir convenu que « ce serait correct ». Lorsque la situation avait changé, c'est qu'il l'avait améliorée.

René Angélil était un gentleman, un homme de parole. Toute sa vie, incluant ces longues années où il a dirigé la carrière de Céline, il est retourné auprès des personnes qui lui avaient donné une chance, qui l'avaient aidé et appuyé dans ses projets, aussi fous puissent-ils avoir été par moments.

Sa confiance, il la plaçait en ceux qui le suivaient, qu'importent les commentaires reçus à leur égard. Il a renouvelé sa foi en des auteurs, en des compositeurs, en des relationnistes et en des musiciens, formant un véritable clan professionnel autour de lui et de Céline, une équipe reconnaissante, capable d'évaluer leur humeur d'un simple regard.

Cette loyauté à toute épreuve s'accompagnait d'un prix pour ceux qui en étaient les bénéficiaires : eux-mêmes devaient faire preuve d'une fidélité sans faille et d'un haut niveau de compétence.

*

En mars 2004, lorsque l'affaire Guy Cloutier a ébranlé le Québec, René Angélil s'est tenu loin des micros. Or, au nom de son amitié avec Cloutier, qui avait duré 40 années, il émit tout de même une très courte déclaration, demandant aux gens de « ne pas croire tout ce qu'on entend ».

« La vérité est souvent ailleurs », avait-il ajouté.

Puis, en janvier 2006, soit près de deux ans après l'arrestation de Guy Cloutier, René Angélil a accordé une entrevue à Stéphan Bureau dans le cadre l'émission L'Échangeur.

« C'était un de mes meilleurs amis et je ne le connaissais pas, dans le fond... Depuis qu'il a été arrêté, j'essaie de trouver une explication. C'est sûr que c'est une maladie... J'espère que lorsqu'il va finir son séjour en prison, il sera guéri. »

« C'est facile de le traiter de tous les noms. Mes amis et moi, on est une quinzaine, on est encore sous le choc. J'ai encore de la difficulté à dealer avec ça. J'étais là, avec lui, et je n'ai rien vu... Comme tous les autres... Qu'il soit pédophile, ça ne me rentre pas dans la tête encore. »

Preuve de sa loyauté indéfectible, l'impresario a avoué qu'il ne lui avait pas complètement tourné le dos. « C'est le deuil d'une amitié, ça, c'est certain. Si je vais lui reparler ? Sincèrement, oui. Absolument. Il y a tellement de questions auxquelles il n'y a pas

René Angélil en 2002. *Archives/Le Journal de Montréal*

de réponse... J'ai hâte de voir quelle sorte de personne il est devenu. Je veux savoir s'il est capable de me dire exactement ce qui s'est passé dans sa tête. »

*

Au cours d'une aussi longue carrière que celle de Céline, il est fréquent que les artistes et leur agent changent d'étiquette. Pas Céline. Pas René. Il ont toujours été fidèles à Sony.

En 2011, alors qu'il célébrait ses 50 ans de carrière, René Angélil a fait un clin d'œil bien senti à la maison de disques qui a cru la première en sa protégée.

« [On est loin] du temps où une compagnie comme Sony misait beaucoup d'argent sur une jeune artiste qui n'avait pas encore fait d'album et lui faisait faire des *showcase* en Chine, au Japon, en Europe... C'est ce qui est arrivé à Céline, après que Sony l'a choisie lors d'une représentation au Château Frontenac. »

« Sony a mis le paquet. De gros budgets comme ceux-là ne sont plus alloués, ça se fait différemment. Les artistes se doivent

René Angélil en 1990. Archives. Normand Pichette/*Le Journal de Québec*

d'être très créatifs, très débrouillards et d'avoir une grande volonté pour percer aujourd'hui, à moins de gagner American Idol. Sauf que ceux qui parviennent à se faire un chemin ont un super talent. L'avenir ne me fait pas peur. »

*

Julie Snyder gagna le respect et la confiance de l'impresario par ses efforts pour présenter dans l'une de ses émissions un extrait d'une prestation de Céline, en duo avec Bryan Adams. C'était en 1996. Depuis, l'animatrice et productrice a multiplié les entrevues avec la chanteuse, René lui ayant octroyé des accès privilégiés qui ont donné des moments de télévision incomparables.

« Au cours de sa carrière, René Angélil a [...] donné un bon coup de main à plusieurs entreprises québécoises – qu'on pense à Scéno Plus, à Solotech et même à nous, aux Productions J – en nous aidant à vendre différentes émissions un peu partout dans le monde », a fait valoir Julie Snyder.

Ainsi, lorsque la célèbre animatrice américaine Oprah Winfrey a évoqué l'idée de diffuser une émission spéciale sur Céline, c'est à Julie Snyder et à son équipe que René Angélil a confié le mandat.

On peut dire qu'il avait une excellente mémoire et qu'il a su en faire profiter ceux qui savaient mesurer sa loyauté.

René Angélil en 1996. Archives. Gilles Lafrance/*Le Journal de Montréal*

On ne change pas, on met juste
les costumes d'autres et voilà
On ne change pas, on ne cache
qu'un instant de soi

« On ne change pas », *S'il suffisait d'aimer* (1998)

L'ambassadeur

En décembre 1999, Pierre Bourque, maire de Montréal, offre une clé de la ville à Céline et René au moment de dévoiler une sculpture de plantes réalisée en l'honneur de la chanteuse. Archives/Agence QMI

« J'ai toujours montré avec grande joie aux gens qui venaient me rencontrer à Montréal le quartier Villeray et le 7760, rue Saint-Denis, où j'ai grandi. Ce sont mes racines. Il faut toujours être fiers de l'endroit d'où l'on vient, et Céline et moi, partout dans le monde, nous avons parlé avec cœur de nos origines, du Québec. J'ai toujours été fier de parler de cet endroit unique au monde. »

René Angélil a prononcé ces paroles en 2009, juste avant de recevoir l'Ordre national du Québec, en même temps que Mario Lemieux.

Sans relâche, il a parlé avec force et conviction de son amour profond pour le Québec, ni plus ni moins que son point d'ancrage dans une existence vécue à un rythme ef-fréné, entre un avion et le suivant, pour parcourir la planète.

Grâce à sa vision sans barrières, Céline Dion a percé au Québec, en France, dans la francophonie, puis aux États-Unis et partout dans le monde. Il n'est pas rare, aujourd'hui, d'entendre ses chansons en Afrique, de trouver ses albums dans un marché chinois, ou de voir l'un de ses clips à la télé, en Europe ou en Amérique. Or, la diva québécoise, tout comme René, n'a jamais hésité à faire allusion à leur maison près de Montréal, à Charlemagne où elle est née. En somme, le couple n'a pas renié le coin du monde où a incubé leur carrière.

Qu'ils aient été en Floride ou à Las Vegas, René se tenait au fait de l'actualité québécoise. Il recevait même une copie du *Journal de Montréal* dans la capitale du jeu, avec une journée de retard. Il fallait se lever très tôt pour lui apprendre une nouvelle du Québec !

Si l'impresario s'est habitué à côtoyer les grandes vedettes de ce monde, il n'a jamais rechigné – au contraire – à se mêler du showbiz québécois lorsqu'il en avait l'occasion. Ainsi, après avoir passé du temps aux côtés de Madonna et de Taylor Swift, pour une cérémonie, un gala, ou quelconque autre événement, il « rentrait à la maison » pour retrouver les Ginette Reno, Jean-Pierre Ferland ou Éric Lapointe.

« C'est comme revenir à la maison pour nous. C'est un beau sentiment », confiait René Angélil en 2009, à la veille de rentrer au Québec pour l'été.

Il s'agissait avant tout d'une question de loyauté – encore. Une loyauté envers le public de Céline, celui de la première heure, celui qui y a d'abord cru. S'intéresser au quotidien des Québécois, donner des entrevues et des nouvelles de sa protégée à ses fans, c'est de cette façon que René avait choisi de prouver l'importance qu'occupait la Belle Province dans son cœur.

Une rare photo des deux plus grands ambassadeurs du Québec sur la scène culturelle internationale : Guy Laliberté, le fondateur du Cirque du Soleil, et René Angélil. Les deux hommes, ici photographiés en 2011 à l'occasion du nouveau spectacle de Céline sur le strip, ont contribué à changer le visage de Las Vegas. Archives. Martin Chevalier/*Le Journal de Montréal*

Double page précédente :

En 2012, René Angélil monte sur la scène de l'émission Star Académie dans le cadre d'un hommage à Gilles Vigneault. Il interprète quelques vers de la chanson « Gens du pays » avec, notamment, Ginette Reno. Archives. Martin Chevalier/*Le Journal de Montréal*

Le couple a toujours eu un pied-à-terre au Québec, où il revient à différentes périodes de l'année, entre ses divers engagements. À l'occasion du 20ᵉ anniversaire de la rencontre entre Michel Drucker et Céline, il reçoit l'animateur français dans sa maison de l'île Gagnon, au nord de Montréal, pour un repas qui donne lieu à une série de photos, présentées à la une du magazine *Paris Match*. Archives/Agence QMI

Quand René Angélil a été fait Officier de l'Ordre national du Québec, le gouvernement a expliqué sa décision en des termes plus qu'élogieux, évoquant le rôle exceptionnel qu'il a joué sur l'échiquier international, et ce, en portant fièrement les couleurs du Québec.

« René Angélil a transformé l'industrie internationale du spectacle en y imposant son style unique et une vision francophone nord-américaine. Organisateur de génie, il a réussi, dans le cas de la chanteuse Céline Dion, à conquérir, à un très haut degré, un public planétaire et multiculturel. À bien des égards, ce précédent a eu un effet d'entraî-nement très puissant qui a joué de manière remarquable en faveur du Québec. Par son engagement et son action, monsieur Angélil a ouvert les portes à de nombreux créateurs québécois, contribuant ainsi largement au rayonnement du Québec dans le monde. [Il] a su s'entourer d'une équipe exceptionnelle, largement issue de son milieu d'origine, ce qui a eu pour conséquence de présenter à la face du monde une image éclatante du potentiel et du savoir-faire québécois. »

« Nous sommes privilégiés d'être nés au Québec », déclara l'impresario dans la foulée de l'honneur qui lui fut rendu.

En mai 1996, en pleine tournée de promotion de l'album *Falling Into You*, Céline et René s'arrêtent à Québec, près du Château Frontenac, où l'équipe de Good Morning America tourne un spécial « Canada » qui sera diffusé sur le réseau ABC. Archives. Camil Lesieur/*Le Journal de Québec*

Avec un doigté qui lui était propre, René Angélil a toujours su faire preuve de réserve quant à ses allégeances politiques. La même chose peut être dite de Céline. La chanteuse a aussi fait de la chaleur des Québécois sa marque de commerce, sur les plateaux de télévision ou en arrière-scène.

« Les gens du Québec sont les plus généreux du monde, les plus accueillants. Je crois que si Céline est aimée partout dans le monde, c'est justement parce qu'elle dégage cette chaleur et cette générosité. C'est une vraie Québécoise », confiait René en 2011.

L'amour du couple pour le Québec ne va bien sûr pas à sens unique ; en témoignent ces « Je t'aime » à l'accent québécois bien senti qui retentissent presque chaque soir, à Las Vegas, entre deux chansons de la diva.

*

En mars 1996 paraissait le quatrième album anglophone de Céline, *Falling Into You*, l'un de ses meilleurs vendeurs en carrière. Il a d'abord paru en Australie, puis en Europe, aux États-Unis, au Canada et au Japon. Sa tournée mondiale fut lancée le 18 mars 1996 à Perth, en Australie. Céline a parcouru l'Océanie jusqu'au début avril, avant de rentrer au Canada au cours du mois suivant.

Vancouver, Calgary, Edmonton : toutes les grandes villes canadiennes apparaissaient à son horaire. Pendant un an, elle a ensuite promené ses chansons à travers le monde, donnant près de 150 représentations.

Comme une parenthèse faisant figure d'ovni dans la liste des villes où s'arrêterait la tournée, Céline avait aussi planifié un arrêt au Palais des Sports... de Jonquière. Elle présenta un spectacle au Saguenay le 5 juin 1996. Le même été, elle interprétait la chanson des Jeux olympiques d'Atlanta, « The Power of The Dream », dont la cérémonie d'ouverture fut regardée par 3,5 milliards de téléspectateurs à travers le monde.

Des 3 500 spectateurs du Palais des Sports de Jonquière aux 83 000 du stade olympique d'Atlanta, il y a une marge. Et pourtant. La chanteuse s'est trouvée aux deux endroits à moins de deux mois d'intervalle, avec la même intensité, la même passion. Comment ne pas reconnaître son intérêt et sa reconnaissance pour le Québec à travers un exemple pareil ?

Aujourd'hui, les noms de Céline et de René s'ajoutent à ceux de Robert Lepage, de Guy Laliberté et d'une poignée d'autres à titre d'ambassadeurs culturels du Québec. Or, force est d'admettre que le couple Dion-Angélil a assurément ouvert un nouveau chemin, et fait connaître le Québec comme bien peu avant eux.

René Angélil aux côtés du premier ministre Jean Charest à l'Assemblée nationale, où il est promu Officier de l'Ordre national du Québec le 17 juin 2009.
Archives. Didier Debusschere/ Le Journal de Québec

Chez moi les loups sont à nos portes
Et tous les enfants les comprennent
On entend les cris de New York
Et les bateaux sur la Seine

« J'irai où tu iras », *D'eux* (1995)

Paris, je t'aime

Avant que René ne devienne le directeur de Star Académie au Québec, Céline s'est arrêtée sur le plateau de sa grande sœur française, Star Academy. En 2007, elle a d'ailleurs été l'une des marraines de l'émission. Sur la photo, René Angélil dans la loge de Star Academy.
Archives. Raynald Leblanc/*Le Journal de Montréal*

Qu'aurait été la carrière de Céline sans le souffle et l'appui indéfectible de la France ? Berceau d'un énorme succès pour la chanteuse, elle est aussi le lieu d'un important réseau de contacts, tissé et entretenu par René Angélil.

Pour le premier album de sa nouvelle protégée, René Angélil avait déjà la brillante idée de lui faire chanter les mots d'Eddy Marnay, parolier et chanteur français. Séduit par la voix de la jeune fille, celui-ci lui écrivit de nombreuses chansons, dont « D'amour et d'amitié », parue en 1983 sur *Tellement j'ai d'amour...*, qui la fit connaître en France. Cette même année, elle devint la première Canadienne à recevoir un disque d'or en France.

Emil Stern, Eddie Barclay, Charles-Louis Pothier, Léon Raiter, Jean-Pierre Lang, Roland Vincent, Hubert Giraud, André Popp, Jean-Pierre Calvet, Jean-Claude Massoulier, Patrick Lemaître, Alain Bernard, Jean-Pierre Goussaud, Pierre Papadiamandis, François Orenn… Jusqu'en 1985, la liste des collaborateurs français de Céline n'a cessé de s'allonger.

La sortie d'*Incognito*, en 1987, marqua l'arrivée en force d'un nouveau compositeur dans la carrière de la chanteuse : il s'agissait de Luc Plamondon, un Québécois jouissant d'une réputation fort enviable en Europe francophone, grâce, notamment, à *Starmania*.

Contrairement aux impresarios qui cherchent à bien établir leur artiste au Québec avant de les inciter à tenter leur chance outre-Atlantique, René Angélil a usé d'une tout autre stratégie, en considérant la France dès le premier jour comme un incontournable de l'équation du succès.

Rapidement, René Angélil s'est activé à développer un réseau de contacts fort enviable outre-Atlantique.

Il a entre autres noué de solides liens avec Gilbert Coullier, un important producteur de spectacles français, qui a travaillé avec les plus grands noms de la scène musicale.

Un peu comme Michel Jasmin au Québec, Michel Drucker fut le « parrain télévisuel » de Céline en France ; il l'a reçue pour la toute première fois en 1983, sur le plateau de son émission Champs-Élysées.

Sur les plateaux de télévision, en France comme au Québec, le couple a toujours su rester simple et naturel. (2012)
Archives. Marc Chaumeil (collaboration spéciale)/*Le Journal de Montréal*

C'est ainsi qu'en 1995 René et Céline ont, ni plus ni moins, changé l'histoire de la musique. Sorti en mars, *D'eux*, écrit et réalisé par le Français Jean-Jacques Goldman, est devenu l'album francophone le plus vendu de l'histoire, avec tout près de 7 millions d'exemplaires écoulés dans le monde.

Au Canada seulement, *D'eux* a dépassé le cap des 700 000 ventes : en France, il s'en est vendu plus de 4 millions, et le disque est resté 44 semaines au sommet du palmarès des ventes.

Des chansons comme « Pour que tu m'aimes encore », « Destin », « Les derniers seront les premiers » et « J'irai où tu iras » ont confirmé Céline comme superstar en France, un statut auquel peu d'artistes peuvent aspirer.

*

Le statut de vedette internationale de la chanteuse tend parfois à nous le faire oublier, mais c'est sur le Vieux Continent que Céline et René ont frappé parmi leurs plus grands coups.

Les deux spectacles de Céline organisés au Stade de France, à Paris, les 19 et 20 juin 1999, ont marqué l'imaginaire : elle devenait alors la première artiste à attirer au-delà de 90 000 spectateurs lors d'une même représentation. En deux soirs, 180 000 personnes se sont déplacées pour la voir, un peu plus que la population complète de Sherbrooke, au Québec, ou de la commune de Grenoble, en France.

Si le couple a son lot d'admirateurs partout dans le monde, dans l'Hexagone, il peut compter sur les Red Heads, un groupe de fans particulièrement actif, qui multiplie les façons de lui démontrer son amour et sa reconnaissance. En plus d'être présents aux endroits qu'elle visite, les Red Heads rivalisent d'originalité pour créer des vidéos de toutes sortes en hommage à la chanteuse et son mari.

Souvent, les vedettes fuient les attroupements de fans, particulièrement massifs et énergiques en Europe. Pas René ni Céline.

Devant le George V, un luxueux hôtel des Champs-Élysées où le célèbre couple a logé à quelques reprises, des centaines de fans les attendaient avant et après leurs déplacements. En 2008, par exemple, quelques heures avant la première de Céline à Bercy, ils étaient 400 admirateurs à patienter.

« Chaque fois, c'est la même chose, confiait René Angélil sous le charme. Les gens savent exactement à quelle heure Céline va sortir et ils sont toujours au rendez-vous. »

*

En 2005, le couple a prouvé une nouvelle fois son amour et son attachement à Paris en enregistrant une chanson pour promouvoir la candidature de la capitale française dans la course pour l'obtention des Jeux olympiques de 2012. Céline a chanté « À Paris », écrite par Francis Lemarque et originalement interprétée par Yves Montand, à la suite d'une requête du maire de Paris lui-même, Bertrand Delanoë. « Le maire de Paris a choisi Céline plutôt qu'une chanteuse française parce qu'il a jugé, d'un point de vue international, que Céline était l'artiste francophone la plus connue dans le monde », faisait alors valoir René Angélil.

Francophone sans être Française, passant de l'anglais au français selon les disques, Céline s'est imposée comme un pont culturel entre l'Amérique et l'Europe.

Il n'est pas étonnant qu'au lendemain des attentats de Paris, en novembre 2015, elle ait prêté sa voix à une interprétation particulièrement émouvante de « L'hymne à l'amour », un grand classique d'Édith Piaf, devant les membres de l'industrie de la musique réunis à l'occasion des American Music Awards.

Pendant les répétitions de l'émission Céline Dion, le grand show, diffusée sur France 2 en novembre 2012, Michel Drucker et René Angélil font preuve d'une complicité sans équivoque.
Archives. Marc Chaumeil (collaboration spéciale)/Le Journal de Montréal

Il y a tant de force en chacun de nous
Chaque femme, chaque enfant et chaque homme
Au moment où tu penses ne pas y arriver
Tu découvres que c'est possible

« The Power Of The Dream » (traduction libre), *Falling Into You* (1996)

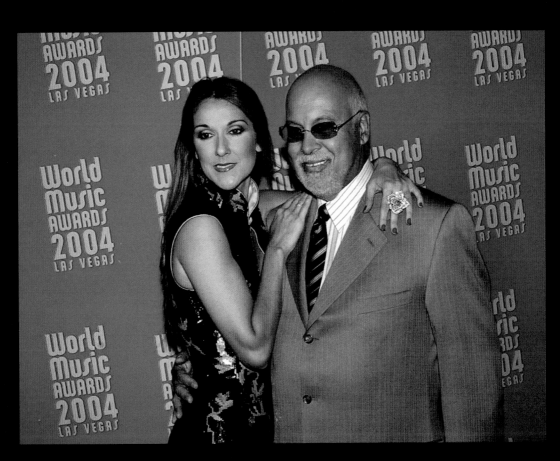

The American Dream

René Angélil a toujours vu grand pour Céline. En lui faisant suivre des cours d'anglais chez Berlitz en 1986, il ouvrait la voie à un futur au-delà de celui qu'imaginait sa jeune protégée.

Céline avait alors fait sa marque au Québec et elle commençait à être connue en France. Or, nul ne peut aspirer à une carrière internationale en faisant abstraction des États-Unis, un marché dont les frontières culturelles sont plutôt imperméables.

C'était sans compter sur la détermination de René Angélil, habile dans la langue de Shakespeare et déjà au fait des rouages de l'industrie américaine, grâce aux expériences plus ou moins heureuses du passé.

Unison, lancé en 1990, fut l'album qui servit de passeport à la chanteuse pour pénétrer le marché américain ; la chanson « Where Does My Heart Beat Now » devint son premier succès, et atteignit le top 10 des palmarès.

Grand admirateur d'Elvis et de ce que son agent, le colonel Parker, avait construit, René Angélil rêvait de conquérir les États-Unis, mais il était tout à fait conscient qu'il faudrait plus qu'un album et un hit pour concrétiser ses ambitions. Comme au Québec et en France, il misa sur les apparitions télévisées afin de faire connaître Céline.

René est aux côtés de Céline le 6 janvier 2004 lorsqu'est dévoilée son étoile sur le Walk of Fame, à Los Angeles. La cérémonie, qui devait avoir lieu en mars 2003, fut repoussée en raison du début de la guerre en Irak. Archives. André Forget/*Le Journal de Montréal*

Ainsi, dès 1990, elle était invitée à fouler les planches de deux importants plateaux : celui du Tonight Show et celui du Late Show. Postée derrière deux immenses haut-parleurs, Céline, présentée par Jay Leno aux auditeurs du Tonight Show, se lança dans une interprétation de « Where Does My Heart Beat Now » bien sentie, avec un aplomb qui trahissait déjà sa solide expérience de la scène : elle chantait d'une voix forte, pleine d'émotions, et fixait la caméra des yeux.

« C'était le 21 septembre 1990. Jay Leno remplaçait alors Johnny Carson (l'émission lui reviendrait en 1992). [...] Habituellement, pour avoir une chance de passer sur ce show prestigieux, il fallait que ta chanson soit positionnée sur le top 100 du Billboard », se souvenait René Angélil en 2009, alors que Jay Leno tirait sa révérence de la populaire émission. « Or, c'était avant même que l'album soit officiellement lancé aux États-Unis. Dès qu'il l'a entendue, [Leno] a voulu Céline sur le show. Et le lendemain, l'effet fut incroyable, les radios aux États-Unis se sont emparées de la chanson, et Céline a atteint le top 4 du Billboard en peu de temps. Jay Leno aura été le premier à croire en Céline. On lui doit beaucoup. »

De 1990 à 2009, Céline Dion a visité le plateau de Jay Leno 19 fois.

L'influente Oprah Winfrey a aussi joué un rôle dans l'ascension de Céline aux États-Unis. L'animatrice, qui passait rarement plus d'une demi-heure avec le même invité, a reçu Céline à au moins une dizaine de reprises. « Chaque fois, Céline a eu une heure avec Oprah », faisait remarquer René Angélil en 2007. De fait, Oprah et la chanteuse sont devenues amies au fil des ans.

*

Une première cérémonie américaine en 1991 – les American Music Awards, où Céline a été invitée à remettre un prix –, l'enregistrement avec Peabo Bryson de la chanson-thème du dessin animé *The Beauty and the Beast* en 1992, pour Disney, et la sortie d'un deuxième album en anglais, simplement baptisé *Celine Dion*, permettent au couple de goûter au rêve américain au début des années 1990.

En 1992, Céline assure la première partie des spectacles de Michael Bolton pour sa tournée *Time, Love & Tenderness*. L'année suivante, elle fait des pas de géant dans l'industrie musicale américaine avec une nouvelle prestation aux American Music Awards, un trophée aux Grammy Awards, des succès comme « If You Asked Me To », « Nothing Broken But My Heart » et « Love Can Move Mountains », puis la sortie de l'album *The Colour of My Love*. En 1995 sa popularité atteint un niveau inégalé sur les marchés francophones grâce à *D'eux*.

Infatigable, poussée par le succès de *Falling Into You*, lancé au début de l'année 1996, la chanteuse gagne une place spéciale dans le cœur du public des quatre coins de la planète lorsqu'elle chante « The Power of the Dream » à la cérémonie d'ouverture des 100e Jeux olympiques, tenus à Atlanta.

Or, il faudrait attendre jusqu'à décembre 1997 pour que la carrière de Céline atteigne un sommet. C'est en effet à la sortie du film *Titanic* que la diva québécoise passa de star à superstar, grâce à son interprétation mémorable de la chanson « My Heart Will Go On », composée par James Horner.

Ce succès est attribuable à la voix de Céline, à la musique de James Horner, aux paroles de Will Jennings, mais il revient en grande partie à René, qui le rendit possible.

James Horner s'était d'abord présenté au couple pour leur faire entendre sa chanson, à laquelle il souhaitait que participe Céline. Au piano, dans une suite du Caesars Palace à Las Vegas, Horner s'était mis à chanter « My Heart Will Go On », face à René, dos à Céline. Celle-ci, déjà peu enthousiaste à l'idée d'interpréter un autre thème de film, fut loin d'être convaincue par la prestation de Horner. Hors du champ de vision du compositeur, elle faisait des gestes dissuasifs à René : ce n'était pas pour elle !

C'est René qui a persuadé Céline d'entrer plus avant dans l'aventure, promettant à Horner qu'elle se rendrait à New York pour l'enregistrement lorsqu'il aurait monté une version démo de sa composition. Une fois en studio, touchée par le récit dramatique de *Titanic*, Céline enregistra « My Heart Will Go On » d'une seule prise, celle-là même qui figure sur le disque.

Sans l'intervention de René, Céline n'aurait sans doute jamais chanté « My Heart Will Go On », devenue l'une des chansons les plus connues de l'histoire du cinéma, et celle qui lui a permis de s'installer une fois pour toutes dans le cœur de ses admirateurs, aux États-Unis comme partout dans le monde.

Céline et René pendant les répétitions de la cérémonie des American Music Awards en 2007. Au cours de sa longue carrière, Céline a été invitée à de nombreuses remises de prix, dont les Oscars et les Grammy Awards.

Archives. Martin Bouffard/*Le Journal de Montréal*

Tu as vu le meilleur en moi
M'as soulevée quand je ne pouvais rien atteindre
Tu m'as donné la foi, car tu croyais

« Because You Loved Me » (traduction libre), *Falling Into You* (1996)

Les alliés

Céline pouvait compter sur René : René, lui, devait compter sur un réseau de personnes-clés capables des réalisations les plus exceptionnelles.

Au tout début de la carrière de Céline, il s'est tourné vers Eddy Marnay. Amoureux de la Québécoise Suzanne-Mia Dumont – qui jouerait elle aussi un rôle important dans la vie de l'artiste, notamment au chapitre de ses relations de presse – le parolier et chanteur français arrivait au Québec avec, dans sa valise, une impressionnante feuille de route. Il avait écrit pour Édith Piaf, Nana Mouskouri et Barbra Streisand. Il avait travaillé avec Claude François, Serge Reggiani, Nicole Croisille et Dalida. Il avait même participé à la composition d'une chanson pour *Un roi à New York*, film de Charlie Chaplin, et collaboré à un album de Paul Anka. Bref, René n'avait pas choisi n'importe qui pour monter le répertoire de sa jeune protégée.

Eddy Marnay a travaillé sur cinq albums de Céline. Il est l'auteur de succès comme « Tellement j'ai d'amour pour toi », « D'amour ou d'amitié » et « Mon ami m'a quittée ». Décédé en janvier 2003, la même année qu'Adhémar Dion, il fut un véritable père spirituel dans la carrière du couple Dion-Angélil. Pour ses premiers pas dans le monde du spectacle, Céline fut épaulée par un grand nom de la télévision québécoise : Michel Jasmin. Celui-ci lui donna la chance de faire sa

Dans la biographie de René Angélil intitulée *Le Maître du jeu* (Libre Expression, 2009), le défunt auteur George Hébert-Germain détaille le rôle-clé de plusieurs joueurs de l'industrie du spectacle dans le développement de la carrière de Céline. Les deux hommes sont photographiés ici en 2009, aux côtés du maire de Montréal, Gérald Tremblay, et de Pierre Arcand, alors ministre des Relations internationales et ministre responsable de la Francophonie. Archives/*Le Journal de Montréal*

Luc Plamondon, ici avec René en 1999, joue un grand rôle dans la carrière de Céline lorsque vient le temps de marquer son changement de style et d'image, à la fin des années 1980. Archives. Pierre-Yvon Pelletier/*Le Journal de Montréal*

toute première apparition devant les caméras le 19 juin 1981. Quelques jours plus tôt, René Angélil avait demandé à celui-ci de le rencontrer. « Il voulait me faire écouter une cassette, se souvenait Michel Jasmin en 2006, 25 ans après le passage de Céline sur le plateau de son émission. Quand j'ai entendu cette voix, celle de Céline, j'ai été sidéré, comme tout le monde. C'est à ce moment-là que René m'a dit qu'il hypothéquerait sa maison pour lui faire enregistrer un disque si elle passait à l'émission. »

Céline n'était alors qu'une inconnue de 13 ans, et Michel Jasmin dut convaincre ses recherchistes de lui trouver 3 minutes d'antenne. « Je leur ai dit qu'ils auraient des frissons en l'entendant chanter. Ils ont finale-

ment dit oui, à reculons. » Céline Dion s'est présentée au studio D de TVA avec plusieurs membres de sa famille. Elle portait une robe fleurie, mais elle avait oublié les chaussures noires dont elle aurait eu besoin pour l'occasion. « On a pris de la peinture-émail pour les changer de couleur, a révélé l'animateur. En chantant, elle entendait l'émail craquer sur ses souliers, et c'est pour ça qu'elle ne bougeait pas beaucoup à l'écran. » Michel Jasmin a toujours entretenu ce lien privilégié avec la chanteuse et son agent, qui lui ont accordé différentes entrevues au fil des années.

*

Luc Plamondon a lui aussi été un allié de taille dans la carrière de Céline.

Bien que l'album *Incognito* ait compté quelques titres écrits par Eddy Marnay, sa sortie, en 1987, a surtout été marquée par la pièce-titre, composée par Luc Plamondon. Choisie chanson de l'année au gala de l'ADISQ 1988, « Incognito » soulignait un changement important dans l'image de Céline, un tournant dans sa carrière.

Pour l'album francophone suivant, paru en 1991, le couple misa donc sur Luc Plamondon. Céline y reprenait quatre titres de *Starmania* composés par Plamondon, et quatre compositions inédites du parolier : « Des mots qui sonnent », « Je danse dans ma tête », « Quelqu'un que j'aime, quelqu'un qui m'aime » et « L'amour existe encore ». Si les mots d'Eddy Marnay ont mis Céline au monde, ce sont ceux de Plamondon qui l'ont fait entrer dans la vie adulte. « C'est un collaborateur hors pair », disait René Angélil à son sujet en 2011, alors que les deux complices travaillaient sur un nouvel album. Après *Dion chante Plamondon*, c'est sur Jean-Jacques Goldman que René et Céline jetèrent leur dévolu.

Au moment de travailler sur l'album qui transformerait le paysage musical francophone, Goldman avait déjà cinq disques solos à son actif et une belle carrière en France, ponctuée de chansons comme « Quand la musique est bonne », « Je te donne », et « Pas toi ». La symbiose de la vision de René, du talent de Céline et des mots de Jean-Jacques Goldman ont donné un résultat remarquable.

L'album *D'eux* ne comporte que des succès : « Pour que tu m'aimes encore », « Je sais pas », « Destin », « Les Derniers seront les premiers » et « J'irai où tu iras », un duo avec Goldman. Cet album apportait au répertoire en français de la chanteuse des titres dont le rythme et le style se rapprochaient de ceux de ses chansons en anglais. *D'eux* s'est non seulement vendu à des millions d'exemplaires, mais il a propulsé Céline à l'avant-plan de la scène musicale francophone mondiale.

En 2013, un peu après la sortie de *Loved Me Back to Life*, René Angélil confiait ceci : « Notre plus grand souhait, pour la carrière anglophone, c'est de trouver un auteur-compositeur comme Goldman ou Plamondon, qui va être capable de faire tout un album pour Céline. Mais ce n'est pas arrivé encore. »

*

En territoire américain, Céline et René ont bénéficié du coup de pouce de plusieurs personnalités – Jay Leno, Johnny Carson, Oprah Winfrey –, mais c'est surtout David Foster qui fut le levier musical de sa carrière. En 1990, il entendait pour la première fois Céline Dion, lors d'une prestation qu'elle donnait un jour de pluie, sous un chapiteau à distance raisonnable de Montréal.

À l'époque, Foster avait déjà travaillé avec de grands noms comme Kenny Loggins et Kenny Rogers, et il avait composé la bande sonore de films ayant connu un succès considérable, dont la chanson « St. Elmo's Fire (Man in Motion) ». Ébloui par la voix de Céline, il accepta de les suivre, elle et René, dans l'aventure d'*Unison*, le premier disque en anglais de la chanteuse.

Surtout connu pour son travail au Cirque du Soleil, Franco Dragone (photographié ici en 2007 aux côtés de René), à titre de créateur du spectacle, est un pilier dans l'aventure *A New Day...* Archives. Martin Bouffard/*Le Journal de Montréal*

À titre de compositeur ou de producteur, David Foster donna par la suite à Céline certains de ses plus grands succès : « The Power of Love », « The Colour of My Love », « Because you Loved Me » et « The Power of The Dream ».

*

« Au début, je ne pensais pas à une carrière internationale, mais plutôt à une carrière francophone, confiait René Angélil lors du 25e anniversaire de la carrière de Céline. Elle, elle disait souvent qu'elle se voyait chanter un peu partout dans le monde. » Chose certaine, il avait le flair nécessaire pour trouver les collaborateurs qui leur permettraient de concrétiser cette vision.

« Nous nous sommes toujours entourés des meilleures personnes. [...] Avec les autres artistes dont je me suis occupé avant de rencontrer Céline, j'ai fait des erreurs. [...] Avec Céline, j'ai toujours fait ce qui était le mieux pour elle. »

L'impresario fut ainsi l'architecte d'une carrière construite avec le concours de compositeurs, de paroliers et de musiciens de première qualité. Ces alliés ont laissé à Céline la plus belle des maisons : une renommée artistique exceptionnelle.

Le monde entier a les yeux rivés sur nous
C'est un peu intimidant
Comme il n'y a pas d'issue
Donnons-leur quelque chose d'étonnant

« Incredible » (traduction libre), *Loved Me Back to Life* (2013)

Ouvrir des portes

C'était au tournant de l'année 2000. Céline venait de compléter une année passablement occupée avec la tournée mondiale *Let's Talk About Love*, les deux représentations au Stade de France, et la sortie de sa compilation *All the way... A Decade of Songs*, vendue à plus de 17 millions d'exemplaires.

Elle a décidé de s'offrir une pause bien méritée, dans le but avoué d'en profiter pour devenir mère, si la vie le voulait bien.

Dans le vocabulaire de René Angélil, le mot « pause », s'il existe, n'a pas la même définition que pour le commun des mortels. Bourreau de travail, perfectionniste, il se levait aux aurores pour préparer ses plans, peaufiner ses stratégies, faire des appels.

Alors que Céline se retirait tranquillement de la vie sous les projecteurs, René Angélil annonçait en mars 2000 qu'il assurerait la gérance de carrière du chanteur Garou, à travers sa maison de production.

Garou, né Pierre Garand, avait 27 ans. Sa voix chaude et rauque, facilement reconnaissable, lui avait déjà permis de se distinguer en Europe, où il avait incarné le personnage de Quasimodo dans la comédie musicale *Notre-Dame de Paris* de Richard Cocciante et de Luc Plamondon.

À la fin de l'année 2000, il proposa l'album *Seul*, dont la pièce-titre était composée par Luc Plamondon et Romano Musumarra. En octobre 2001, le vrombissement de la machine Dion-Angélil se fit entendre, Garou enregistrant un duo avec Céline, brièvement réapparue sous les feux de la rampe pour l'occasion. Ils interprétèrent la chanson « Sous le vent », composée par Jacques Veneruso. Dans les années qui suivraient, ce dernier écrirait de nombreux succès pour Céline, comme « Tout l'or des hommes », « Je ne vous oublie pas » et « Immensité ».

*

Un troisième nom s'ajouta à l'écurie Angélil en 2005, celui de la chanteuse Marilou.

Découverte deux ans plus tôt grâce au succès d'une chanson enregistrée avec Gino Quilico, Marilou avait d'abord été recrutée par Guy Cloutier : elle quitta l'entreprise, qui était en restructuration après l'arrestation de l'agent d'artistes.

Comme pour Céline, puis pour Garou, René Angélil n'a ménagé aucun effort en vue de faire connaître sa nouvelle protégée. Son premier album, *La fille qui chante*, renfermait notamment des compositions de Jacques Veneruso. Puis Garou s'est à son tour prêté au jeu du duo afin d'enregistrer la chanson « Tu es comme ça » avec Marilou.

Le poids du nom Angélil a évidemment eu des impacts sur la carrière de la jeune femme. « Sans vouloir faire de comparaison avec Céline, disons qu'il y a beaucoup d'engouement [...] de Sony BMG pour Marilou, expliquait à l'époque Mario Lefebvre, proche collaborateur de René Angélil. Et c'est bien parce qu'on a déjà une bonne relation avec Sony BMG [qui distribuait Céline et Garou]. »

Alors qu'elle n'avait que 16 ans, la chanteuse proposait son deuxième album, *Marilou*, en mai 2007.

*

Au printemps de l'année suivante, Garou quittait le navire : René et lui annoncèrent la fin de leur collaboration en expliquant que le chanteur préférait s'occuper lui-même de la gestion de sa carrière. Gestion Artistique CDA poursuivrait toutefois le travail entamé avec Garou et Sony BMG pour assurer le lancement de *Piece of My Soul*, le premier album en anglais du chanteur.

« Ça faisait plusieurs fois que je lui disais : "Je veux voler de mes propres ailes, a expliqué Garou en 2009. J'ai besoin d'aller plus loin que de te demander de me faire devenir un chanteur, et être un jour le chanteur numéro un au monde ou même aux États-Unis, ce n'est pas ce que je demande à la vie." Il a compris et je suis parti de mon côté. Et, contrairement à ce que les gens disent, ils ne m'ont jamais imposé des choix. Une méthode mais pas des choix. On est dans une mutation du métier, et je voulais avoir le nez en plein dans mes affaires, prendre mes risques. »

De la collaboration entre René Angélil et Garou sont nés quatre albums : *Seul*, sorti en 2000, *Reviens*, en 2003, *Garou*, en 2006, et *Piece of My Soul*, en 2008.

En 2009, Mario Lefebvre annonçait à son tour qu'il quittait la boîte de René Angélil pour se lancer à la tête de sa propre

René Angélil veille à la carrière musicale de la jeune chanteuse Marilou de 2005 à 2009 : elle poursuivra ensuite son chemin avec Mario Lefebvre.
Archives. Pascal Ratthé/*Le Journal de Montréal*

entreprise. Il assumerait ainsi la gestion de la carrière de Marilou.

À l'époque, Céline venait à peine de terminer sa tournée mondiale *Taking Chances*, et elle profitait d'une nouvelle pause, dans l'espoir de retomber enceinte. Sans artistes de qui s'occuper, René plongea une première fois dans l'aventure de Star Académie à titre de directeur.

René Angélil a travaillé à l'éclosion de la carrière d'imitatrice de Véronic DiCaire au Québec, en France et aux États-Unis. Celle qui, avant leur rencontre, était connue en tant que chanteuse, pose ici aux côtés de l'impresario, entourée de Mario Lefebvre et de Marc Dupré, le gendre de René Angélil et celui qui la lui fit découvrir. Archives/*Le Journal de Montréal*

On aurait cru que René préférerait passer le reste de sa carrière à se concentrer sur Céline, sa « straight flush royale », comme il s'était plu à l'appeler en 2012. Mais, artiste avant d'être entrepreneur, homme de cœur avant d'être homme de tête, il s'est laissé séduire par une nouvelle expérience.

Le 15 août 2008, Céline Dion était attendue sur la scène du Centre Bell dans le cadre de sa tournée *Taking Chances* : il s'agirait de sa première prestation en terres québécoises depuis 1999. « On parle du spectacle à Montréal depuis le début de la tournée, confiait alors René Angélil. On a tous hâte au show de Montréal, toute l'équipe de musiciens aussi et même les danseurs américains, à qui on a bien envie de faire découvrir ça. »

En première partie du spectacle, René Angélil réservait une surprise au public : Véronic DiCaire, qui a ouvert la soirée en enfilant une série d'imitations aussi surprenantes que brillamment exécutées. Ginette Reno, Isabelle Boulay, Madonna, Rihanna, Julie Snyder et Marina Orsini ont chacune eu droit à leur moment, savamment interprétées par l'artiste franco-ontarienne jusque-là connue pour son rôle dans la comédie musicale *Chicago* et son succès « Feel Happy », qui se trouve sur le premier de ses deux albums.

C'est le chanteur et imitateur Marc Dupré – conjoint d'Anne-Marie, la fille de René – qui devait d'abord assurer la première partie du spectacle. Or, en travaillant avec Véronic

DiCaire sur son nouvel album, il a été séduit par ses talents d'imitatrice et l'a convaincue d'envoyer une vidéo de son travail à son célèbre beau-père.

« On a regardé ça en avion, racontait l'impresario un an plus tard. On l'a trouvée formidable. Elle imitait Isabelle Boulay, Ginette Reno et Céline. Céline trouvait ça très drôle, elle riait de bon cœur. On avait déjà signé avec Gilbert Coullier pour présenter Michaël Gregorio en France, mais si on avait vu Véronic avant, elle aurait également fait les premières parties de Céline en France. »

René a ainsi accepté de s'impliquer dans la carrière de Véronic DiCaire. « J'y crois vraiment, confiait-il à son sujet. Cette fille, je la vois en Europe, aux États-Unis. Elle peut aller partout. [...] Nous allons l'encourager et faire ce qu'il y a de mieux pour elle. »

Et il a tenu parole. La popularité de Véronic DiCaire a explosé en France, où elle a tenu le rôle de juge dans l'émission X Factor, et donné une série de spectacles qui l'a amenée à 12 reprises sur la scène de l'Olympia à Paris.

Soutenue par son conjoint Rémon Boulerice et propulsée par le TGV que conduit René Angélil, la chanteuse – dont la détermination et le charisme sont comparables à ceux de Céline – monte sur scène à Las Vegas, au théâtre Jubilee de l'hôtel Bally's, juste en face du Caesars Palace, de 2013 à 2015.

Humble et reconnaissante, sans cesse émerveillée par tout ce qui lui est arrivé depuis sa rencontre avec le célèbre couple, Véronic DiCaire restera à tout jamais la seule autre artiste, avec Céline, à avoir évolué dans l'écurie de l'impresario jusqu'à ce que celui-ci rende son dernier souffle.

En 2009, à l'issue de sa première expérience à titre de directeur de Star Académie, René Angélil donne rendez-vous à Maxime Landry, gagnant de la compétition, dans une suite d'un hôtel du centre-ville. Au cours d'un dernier tête-à-tête avant le lancement de son premier album, il lui conseille : « Ne change pas. Reste comme ça et tu vas aller loin, tu vas avoir une carrière incroyable. On va tous aller à toi. »
Archives. Thierry Avril/*Le Journal de Montréal*

Toutes mes lignes de téléphones sonnent
J'suis bookée à la télévision
Dans tous les shows de promotion

« Des mots qui sonnent », *Dion chante Plamondon* (1991)

Devant la caméra

En 2009, au volant d'une voiturette de golf, René Angélil entre dans le studio de TVA où a lieu la conférence de presse le présentant en tant que nouveau directeur de Star Académie. « Je suis certain que je peux donner quelques bons conseils à des jeunes qui commencent dans l'industrie du spectacle », lance-t-il alors, déclenchant des rires dans la salle. Archives. Hugo-Sébastien Aubert/*Le Journal de Montréal*

Propulsé à l'avant-scène en tant que chanteur grâce à des émissions comme Jeunesse d'aujourd'hui, René Angélil savait mieux que quiconque mesurer l'impact sans égal de la télévision.

Au Québec comme en France ou aux États-Unis, la carrière de Céline s'est en partie construite sur la base de performances télévisuelles marquantes, voire décisives pour la suite des choses. En 2006, René Angélil déclarait d'ailleurs que « la télé a été la clé » du succès de la chanteuse. « Chaque fois qu'elle est passée aux Grammy, aux Oscars, l'impact était fort », disait-il avant de rappeler que, parmi les étapes télévisuelles les plus

importantes de la carrière de Céline Dion se trouvait sa toute première apparition à la télé américaine, le 21 septembre 1990, avec Jay Leno. « [Après les répétitions], la recherchiste de l'époque [...] est venue me voir en courant pour me dire que le producteur voulait me voir tout de suite. »

Ébloui par la voix et le talent de Céline, celui-ci voulait déjà convenir d'une prochaine prestation de la jeune chanteuse à l'émission. « Elle y est retournée le 15 novembre 1990, et c'est moi qui ai choisi la date », a précisé René Angélil.

René Angélil fait une visite-surprise aux aspirants candidats de Star Académie réunis pour leurs auditions.
Archives. Olivier Jean/*Le Journal de Montréal*

En 1996, Céline Dion a interprété « The Power of the Dream » à l'occasion de la cérémonie d'ouverture des 100ᵉ Jeux olympiques à Atlanta, une retransmission suivie par plus de 200 millions d'Américains, mais surtout, une passerelle incroyable pour la suite des choses au pays de l'oncle Sam. En 2011, par exemple, Don Mischer, le producteur de la 83ᵉ cérémonie des Oscars, demandait à Céline de venir chanter pour une sixième fois au prestigieux gala. « Pour le producteur, c'était Céline ou personne d'autre », a expliqué René : c'est que Mischer avait travaillé avec le célèbre couple lors des Jeux olympiques. « Nous étions très flattés lorsque nous avons reçu [son] appel [...]. Et on ne dit jamais non à une invitation pour les Oscars. »

Céline est ainsi devenue une habituée de grands plateaux de télévision américains, à commencer par celui de l'influente Oprah Winfrey. Chacune de ses participations à de prestigieuses et populaires émissions lui a certainement fait gagner des points dans le cœur du public, séduit par sa candeur, ses mimiques expressives, ses éclats de rire.

*

René Angélil lui-même a plongé dans l'aventure télévisuelle avec Star Académie,

en 2009 : une proposition venue de Julie Snyder, de Stéphane Laporte et de France Lauzière, directrice de la programmation à TVA. « J'ai accepté parce que je crois fermement aux compétences de ces gens-là, et moi, au début avec les Baronets, j'aurais aimé avoir la chance de parler à un agent de stars », faisait-il valoir.

Passionné comme à ses débuts, René Angélil espérait transmettre son amour de la chanson et du spectacle aux jeunes interprètes. Sa présence a non seulement permis aux candidats de la télé-réalité de bénéficier de ses judicieux conseils, mais a teinté d'humour l'ensemble de la production. Lors de la toute dernière émission de la saison, l'impresario s'est d'ailleurs prêté à un pot-pourri des succès des Baronets en compagnie de Michel Rivard et de Patrick Huard. Visiblement amusé, l'homme d'alors 67 ans, tiré à quatre épingles dans son habit gris, a répété les pas de danse qui l'avaient fait connaître au public québécois, plus de 40 ans auparavant.

En 2012, René Angélil a repris son rôle de directeur de l'Académie, heureux de retrouver l'occasion de côtoyer de jeunes talents.

« En 2009, la présence de René Angélil a inspiré tous les artisans et artistes de Star Académie à se dépasser comme jamais au-paravant. Ce fut une année de rêve. Les plus grandes vedettes internationales ont défilé sur le plateau et la compétition a couronné un chanteur au talent exceptionnel (Maxime Landry). Et voilà que le rêve continue. Pour succéder à René Angélil, il n'y avait qu'un seul candidat possible : René Angélil ! », résumait alors Stéphane Laporte.

*

Or, Star Académie ne résume pas le curriculum vitæ télévisuel du célèbre impresario.

En 2008, le public de la série télévisée Les Boys, diffusée à Radio-Canada, a eu la surprise de découvrir René Angélil en vedette de l'un des épisodes. C'est Richard Goudreau, producteur de l'émission et ami de René, qui l'avait convaincu de participer au tournage dans l'une des immenses salles de jeu du Caesars Palace.

Le comédien Pierre Lebeau s'était montré très impressionné : « Il était d'une grande délicatesse et très raffiné. Je suis content de l'avoir croisé au moins une fois dans ma vie, d'avoir partagé l'écran avec lui. René Angélil est un personnage mythique. On a eu la chance de discuter un peu avec lui, de lui serrer la main. C'est une légende du show-business. »

Du côté du grand écran, René Angélil a joué dans le film *Après ski*, de Roger Cardinal. Cette production de 1971 mettait en vedette Daniel Pilon, Céline Lomez et Pierre Labelle, qui était aussi des Baronets.

Au cinéma, René Angélil a notamment prêté ses traits au parrain de la mafia Dominic Fagazi dans le film *Omertà*, sorti en 2012. « Ça m'a donné le goût de le faire quand j'ai su qu'il y avait Patrick Huard, Michel Côté, Stéphane Rousseau et Paolo Noël. J'ai pensé que ça pourrait être le fun. »

Archives. Chantal Poirier et Ben Pelosse/*Le Journal de Montréal*

Angélil et Labelle ont ensuite tenu les rôles principaux du film *L'Apparition*, une nouvelle réalisation de Roger Cardinal, parue l'année suivante. Vaguement inspiré des prétendues apparitions de la Vierge rapportées par des enfants à Saint-Bruno, le film rassemblait bien des noms connus du showbiz québécois, dont Paul Berval, Muriel Dutil, Johnny Farago, Claude Michaud, Claire Pimparé et Roméo Pérusse.

Près de 40 ans plus tard, René Angélil analysait humblement son bref parcours d'acteur : « On avait, Pierre Labelle et moi, une scène de sept ou huit minutes dans *Après ski*, dans un bar. On était très drôles. Alors un producteur nous a offert les rôles vedettes de *L'Apparition*. Même s'il y avait plein de gros noms au générique, ça a été un flop terrible. »

Il faudrait patienter plusieurs années avant que René Angélil ne se représente devant les caméras d'un plateau de cinéma. Convaincu par la productrice Denise Robert, il accepta de prêter ses traits au personnage de Dominic Fagazi, un parrain de la mafia, dans le film *Omertà*, sorti en 2012.

« Le charisme et le pouvoir, ça ne se joue pas et ça ne s'invente pas à l'écran, disait Denise Robert. René, je l'avais déjà vu à une table de poker, avec ses lunettes de soleil et son air sérieux. Je savais donc à quel point il pouvait avoir l'air dur et méchant, expli-

quait-elle en s'avouant impressionnée par l'aura de l'impresario. Dès qu'il entre dans une salle, les gens arrêtent de parler. Quand on le voit, on croit facilement qu'il peut gérer des milliards de dollars. Et le chef de la mafia, c'est ce qu'il fait : il gère des milliards de dollars. »

« On m'a dit d'être naturel, c'est ce que j'ai fait », a confirmé René Angélil en faisant le bilan de ses cinq jours de tournage aux côtés des Michel Côté, Patrick Huard, Stéphane Rousseau et Paolo Noël. « Grâce à eux, ça s'est bien passé. Mais je savais mes textes par cœur. J'avais répété durant cinq jours en Floride. Denise Robert avait eu la gentillesse de m'envoyer un coach de jeu, Johanne-Marie Tremblay. »

À sa sortie en juillet 2012, le film *Omertà* a reçu un bon accueil de la critique, qui relevé au passage la performance de René Angélil. « Rien à redire sur ses quelques apparitions, qui sont tout à fait dans le ton. Par sa présence, le célèbre impresario impose le pouvoir et l'autorité que doit inspirer son personnage. Angélil se révèle particulièrement convaincant dans un échange où il défie le personnage de Patrick Huard », notait la critique du journaliste Maxime Demers dans *Le Journal de Montréal*.

C'est le roi de tout ce qui vit et la reine des bons cœurs
C'est l'as que tu peux garder dans ta manche
Jusqu'à ce que le nom soit véritablement trouvé

« Let's Talk About Love » (traduction libre), *Let's Talk About Love* (1997)

L'autre colonel

Madonna, Michael Jackson, les Beatles, David Bowie, les Rolling Stones... peu d'artistes font partie du groupe restreint des superstars mondiales.

Pour guider Céline, René Angélil s'est librement inspiré du style du colonel Parker, l'agent de son idole de toujours, Elvis Presley. « C'est une légende qui a marqué toute une génération, relevait-il. Et, trente ans après sa mort, ça fonctionne toujours. »

René Angélil a acheté tous les disques d'Elvis et visionné chacun de ses films. En entrevue au *Journal*, il a dit se souvenir très clairement de la première fois où il l'avait vu : « C'était à l'émission Ed Sullivan Show. On ne lui avait pas permis de se déhancher, et il y avait eu beaucoup de publicité autour de ça. »

Au décès du chanteur en 1977, René Angélil s'était rendu à Memphis pour assister à ses funérailles, dans le cadre d'un voyage organisé par la station de radio CJMS. La même année, il produisait le spectacle *Hommage à Elvis* mettant en vedette Johnny Farago : il le présenta dans plus d'une vingtaine de villes et remplit la Place des Arts.

*

Des années plus tard, sa notoriété acquise grâce au succès planétaire de Céline, René Angélil a pu rencontrer le célèbre colonel Parker, lui-même devenu un fervent de la petite fille de Charlemagne. « Il est venu voir Céline chanter à Las Vegas alors qu'elle faisait la première partie de Michael Bolton. Il l'a écoutée et il a passé le reste du spectacle dans la loge de Céline. Il m'a raconté plein de choses sur Elvis », a raconté l'impresario, en soulignant à quel point le colonel était charismatique.

Le 25 mars 2003, pour la première du spectacle *A New Day...* à Las Vegas, René Angélil s'est fait offrir un cadeau bien particulier : la célèbre chaise en velours bleu du colonel Parker, reconnaissable à cette inscription brodée : « from the Col ». Véritable trésor, elle décora longtemps le bureau de René, attenant à la loge de Céline au Caesars Palace.

Par l'intermédiaire du compositeur et arrangeur David Foster, l'impresario a aussi fait la connaissance de Linda Thompson, celle qui partagea la vie d'Elvis pendant cinq ans après sa rupture d'avec Priscilla. « Quand tu es un fan, tu essaies d'avoir le plus de sources possibles au sujet de celui ou celle que tu admires, [...] et on en sait pas mal », confiait René, qui comptait parmi ses amis Joe Esposito, le meilleur ami du « King » – les deux hommes s'étaient rencontrés durant leur service militaire en Allemagne.

Évidemment, René Angélil ne pouvait pas passer à côté de Graceland, le domaine d'Elvis à Memphis. Céline et lui ont eu droit à une visite privée des lieux en compagnie de Priscilla Presley, qui leur a ouvert les portes de la majestueuse demeure après les heures d'ouverture réservées aux touristes. « Il était peut-être 23 h 30, après le spectacle de Céline... On était juste tous les trois, s'est souvenu René. C'était très impressionnant de voir l'endroit où il jouait du piano, le salon où il était avec ses amis. »

Avec Johnny Farago, René Angélil a assisté aux funérailles d'Elvis Presley à Memphis, en 1977. Les deux hommes sont ici photographiés 20 ans plus tard. Archives/*Le Journal de Montréal*

Lorsque le producteur de l'émission American Idol, Nigel Lythgoe, a contacté René Angélil au début du mois d'avril 2007 afin de lui proposer « une idée spectaculaire », René Angélil ne pouvait pas refuser : la production souhaitait réaliser un duo entre Céline Dion et Elvis Presley, grâce à une technique de captation particulière qui volerait tout de même passablement de temps à l'horaire déjà rempli de la chanteuse.

René Angélil accepta de participer au projet, en fixant une condition : que ce soit le producteur David Foster qui signe les arrangements vocaux de « If I Can Dream », la chanson choisie pour ce moment unique

de télévision. Les voix de Céline et d'Elvis ont ainsi été mixées en studio, et la musique fut enregistrée par l'orchestre d'American Idol. Céline s'est ensuite rendue à Los Angeles pour tourner sa prestation, d'abord aux côtés d'un sosie d'Elvis – afin d'obtenir les plans éloignés et de profil –, puis seule sur scène. La production ajouterait au montage l'image d'Elvis tel qu'il était apparu dans l'émission Comeback Special, en 1968.

Le soir du 25 avril, la performance de 3 minutes et 12 secondes fut regardée par 40 millions d'Américains, et des millions d'autres sur le Web. Ému par l'opération ayant réuni sa bien-aimée et son idole,

René Angélil admit avoir pleuré en voyant le résultat pour la toute première fois. « Ils n'avaient jamais accepté qu'Elvis enregistre un duo [...], mais ils ont accepté parce que c'était Céline », confiait-il fièrement à propos de la famille du « King », qui dut donner son approbation finale avant la diffusion.

*

Au Québec, René Angélil a été fort impressionné par le talent de Martin Fontaine, imitateur d'Elvis, dont le spectacle a été présenté à Québec, à Montréal et même à Las Vegas.

Comme des milliers de Québécois, il a aussi été ébloui par la voix de David Thibault, révélé par sa reprise de « Blue Christmas » et invité au Ellen DeGeneres Show. « Il y a une chose qui est sûre : quand il chante, il a la même émotion. J'ai senti les mêmes soupirs, la même émotion dans la voix », confiait l'impresario à son sujet.

D'un point de vue professionnel, les ressemblances entre le colonel Parker et René Angélil sont nombreuses, qu'il s'agisse de leur assurance de remporter du succès, de leur sens aigu du marketing, ou de leur façon de s'ériger en barrière protectrice entre leur artiste et les dangers de l'industrie.

Comme le colonel Parker, René n'a jamais douté du talent ou des capacités de sa protégée. Il l'a crue capable des plus grands accomplissements, et a tout fait pour qu'elle puisse les réaliser. C'est ainsi que René a su élever Céline au statut d'artiste indémodable, indétrônable et inimitable.

Comme Elvis.

La chaise du colonel Parker – un cadeau remontant à mars 2003, lors de la première du spectacle *A New Day...* – a longtemps trôné dans le bureau de René Angélil à Las Vegas.
Archives. Martin Bouffard/*Le Journal de Montréal*

Confiance et respect sont deux choses qu'il faut gagner

« I Got Nothin' Left » (traduction libre), *Taking Chances* (2007)

Le champion

12 décembre 2007. Trois jours avant que le rideau ne tombe pour une dernière fois sur le spectacle *A New Day...*, Céline s'apprêtait à monter sur scène, un peu après 20 h, quand René est apparu, lui annonçant qu'il venait de remporter la bourse la plus élevée jamais versée par le Caesars Palace – 1,65 million de dollars – à l'issue d'un prestigieux tournoi de poker Texas hold'em.

« Ç'a été le summum de ma carrière de joueur de poker, confiait-il a posteriori. Elle était très contente pour moi. Elle sait que j'adore le poker. Après, je suis revenu voir les chums pour célébrer avec eux. Mes copains Paul Sara, Rosaire Archambault et Marc Verreault étaient avec moi. »

S'inscrire à ce tournoi lui avait coûté 100 000 $. René Angélil avait eu le dessus sur un adversaire russe « qui était tout un joueur ». Heureux de son titre de champion, il avait versé 50 000 $ en pourboire au personnel du casino. « Ce soir-là, j'ai vécu un thrill incroyable », a-t-il ajouté.

Il ne jouait qu'au Texas hold'em, « le jeu que tout le monde aime ».

« Je joue pour gagner. [...] On peut gagner parfois, même si on n'a rien dans notre jeu. Ce jeu, c'est tout ce que j'aime dans la vie : il faut de la patience, du *guts* pour bluffer, c'est un challenge et il faut prendre la bonne décision au bon moment. »

Pas de porte-bonheur, pas de superstition ; René Angélil s'est toujours installé aux tables avec la seule envie de miser, de s'amu-ser, de gagner... et d'éviter un 2 ou un 7, « les pires cartes » !

Il fit des confessions tout de même étonnantes à la veille de la publication de sa biographie, *Le maître du jeu*, écrite par George Hébert-Germain : « J'ai la maladie du jeu. C'est comme un alcoolique : tu l'as en dedans de toi. Je me contrôle grâce aux gens autour de moi, qui m'ont créé un système pour me protéger contre moi-même », confiait-il au *Journal*.

René Angélil a été élevé dans une famille de joueurs, par des parents qui avaient l'habitude de jouer au canasta. « Ils jouaient à la maison en famille, et pariaient un cent ou deux, pour le fun. Après j'ai continué de jouer quand j'étais étudiant aux Hautes Études commerciales (HEC), à l'argent avec les copains en classe pendant les cours. À l'époque, il y avait beaucoup de temps libre pendant les cours. Plus tard, j'ai joué plus sérieusement avec les chums à des niveaux plus élevés à Las Vegas », racontait-il.

À son arrivée dans la capitale du jeu, René Angélil dit avoir joué pendant deux ans, presque chaque soir, avec les meilleurs du monde ; une période qu'il a baptisée son « université du poker ». Il a ainsi fait le choix de se concentrer sur ce jeu de stratégie : « tu te bats contre les autres et toi-même, pas contre des machines ».

S'il a gagné des tournois et des bourses – « sept tournois au Bellagio de Las Vegas, plusieurs fois des montants de 25 000, 50 000 dollars [...] » – ,il a aussi perdu beau

En mai 2007, l'impresario se présente tout sourire au lancement de l'album *D'elles*, particulièrement fier de sa performance dans un tournoi de poker tenu au Mirage. Archives. Martin Bouffard/*Le Journal de Montréal*

coup d'argent. « Au poker, j'ai gagné plus que j'ai perdu. J'aime ce jeu, car c'est toi contre d'autres joueurs. Tous les autres jeux du casino te font perdre. C'est toujours le casino qui aura l'avantage sur toi. Pour être honnête donc, si je prends juste ma carrière de poker, je suis gagnant, mais si on parle de ma carrière de joueur en général, c'est certain que j'ai perdu plus que j'ai gagné. »

Un jour où il avait trop dépensé, son ami et comptable de la compagnie de production, André Delambre, l'a ramené à l'ordre en lui faisant promettre de ne plus jamais signer de chèque seul. À sa mort, c'est un autre proche de René, Gilles Lapointe, qui se vit confier la responsabilité des chèques. « Ça me protège. Sinon, je serais peut-être dans

la rue, et Céline ne serait pas au sommet. Il n'y a rien qui peut m'arrêter de jouer », reconnaissait-il en 2009.

Céline l'a toujours accepté tel qu'il était, mais elle a aussi fixé ses limites.

« Quand je suis allé trop loin, elle me l'a dit, et j'ai remédié à la situation. Elle voulait que je sois plus avec elle et René-Charles le soir et elle avait raison. Elle sait aussi que jamais je jouerai l'argent de la compagnie. [...] Mon premier risque, était avec elle. Qui aurait hypothéqué sa maison pour une fille de 13 ans avec une belle voix ? Il fallait juste un joueur comme moi. Je lui dis qu'elle est mieux qu'un flush royal, le jeu de rêve. »

Le but est de donner, pas de gagner.

« Ain't Gonna Look The Other Way » (traduction libre), *A New Day...*
Live In Las Vegas (2004)

L'admirateur

Passionné de golf, René Angélil devient l'un des propriétaires du club de golf Le Mirage, à Terrebonne, où ont joué plusieurs personnalités connues, dont Sylvester Stallone, Alice Cooper, Bruce Willis et Samuel L. Jackson. René est ici, en 2012, aux côtés de René Noël, directeur du club de golf Le Mirage. Archives. Chantal Poirier/*Le Journal de Montréal*

René Angélil aimait jouer, et pas qu'au poker. Avant toute chose, il aimait gagner. Il n'est pas étonnant que le sport se soit frayé un chemin parmi les passions de cet homme compétitif.

D'ailleurs, pour mener à bien la carrière d'une artiste internationale comme Céline, René a tiré des leçons de ce qu'il voyait et entendait dans le monde du sport. Il était l'entraîneur; elle était l'athlète. «On n'annule pas un show pour un rhume ou une grippe : elle a l'entraînement qu'il faut pour ça», lançait-il en 2007.

Parmi ses amis proches, qu'il se plaisait à accueillir d'un « Salut champion ! », il comptait plusieurs sportifs de renom, tel Michel Bergeron, l'ex-entraîneur des Nordiques et des Rangers. «Souvent, il pariait sur des matchs de hockey et, afin de s'assurer qu'il faisait les bons choix, il m'appelait pour avoir mon opinion », s'est remémoré ce dernier.

Pierre Lacroix, ancien président de l'Avalanche du Colorado et ex-directeur général des Nordiques, faisait aussi partie de la garde rapprochée de l'impresario, qui comptait sur un autre ami de longue date en la personne de Rodger Brulotte, ex-membre de l'organisation des Expos, aujourd'hui chroniqueur et commentateur sportif. Les deux hommes ont développé une belle amitié alors que Céline était invitée à chanter les

hymnes nationaux avant les matchs inaugu-
raux des Expos.

Par ailleurs, René Angélil était, c'est bien
connu, un grand amateur de golf. Les photos le montrant un bâton à la main ou près
d'une voiturette sont légion. Il a communiqué sa passion à son fils René-Charles, mais
aussi à Céline ; le couple est même devenu
propriétaire d'un club de golf, Le Mirage, à
Terrebonne, qui compte deux parcours : Ca-
rolina et Arizona.

C'est au Mirage que René a pu accueillir
l'une de ses idoles : le boxeur Muhammad
Ali.

« Un jour, René avait appris qu'Ali était en
transit à l'aéroport de Montréal, a raconté
Michel Bergeron. Il avait alors envoyé trois
limousines pour aller le chercher, lui et son
équipe, et les avait invités au club de golf Le
Mirage, dont il était le propriétaire. René
nous avait alors demandé d'arrêter notre
partie de golf et nous avait conviés dans son
salon pour venir passer du temps avec la légende de la boxe. Je me souviens qu'un Ali
très amoché par la maladie de Parkinson
s'était présenté. C'était Céline qui le faisait
manger. C'était tout de même un très beau
moment. »

*

Est-ce parce qu'il mesurait mieux que quiconque le prix des sacrifices que René Angélil a toujours fait preuve d'admiration pour
les grands noms du monde sportif ?

Maurice Richard s'éteint le 27 mai 2000. Sur cette photo, prise
quelques jours plus tard, René Angélil rend hommage à l'une
de ses idoles. Archives. André Viau/*Le Journal de Montréal*

Maurice Richard, entre autres, compta parmi ses idoles les plus chères. Avec sa femme,
le « Rocket » rendit visite à Céline en décembre 1998, dans les coulisses du Centre
Molson où elle se produisait dans le cadre
de sa tournée *Let's Talk About Love*. Le couple
Dion-Angélil était pour sa part présent lors
d'un hommage rendu à l'étoile du hockey en
octobre 1999.

Grand fervent du Canadien de Montréal,
René Angélil fut d'ailleurs salué le soir de
son décès, avant un match de l'équipe contre
les Blackhawks de Chicago.

Une route déserte de Vegas à nulle part
Quelque part de mieux que là où tu as été

« Calling You » (traduction libre), *Céline Dion à l'Olympia* (1994)

Vegas

René Angélil a toujours aimé Las Vegas, cette ville où se trouvent les plus beaux casinos du monde, et qui est le repère des plus grands chefs cuisiniers de la planète.

Ville du divertissement, Las Vegas est le lieu où se créent les productions les plus spectaculaires. Bien qu'elle soit construite en plein désert, on ne s'étonne même pas que l'un des plus importants spectacles qui y furent présentés, *O*, du Cirque du Soleil, ait été... aquatique.

Las Vegas est la ville de tous les possibles : en plein ce qu'il fallait à René Angélil, un homme qui n'avait peur de rien et qui ne rechignait jamais à se laisser éblouir par le talent des autres ! Surtout, il n'y a qu'un seul endroit qui permette à une superstar de monter chaque soir sur scène et de rentrer à la maison pour dormir dans son lit...

Lorsque Céline a évoqué le souhait de s'y installer au début des années 2000, l'impresario connaissait déjà la ville et ses possibili-

Sauf exception, René était présent à chacune des représentations de Céline, quelque part dans le vaste théâtre de 4300 sièges aménagé pour elle à Las Vegas. Archives. Chantal Poirier/*Le Journal de Montréal*

tés. Pour l'aventure de *A New Day...*, il a choisi de s'associer au Caesars Palace, en plein cœur du strip, après que ses dirigeants se soient engagés à construire une salle de spectacle expressément pour la chanteuse. Elle fut baptisée le Colosseum. « On a été tellement bien accueillis par les gens d'ici », reconnaissait René au terme des 723 représentations de *A New Day...*, en 2007.

C'est toute la famille qui a adopté Las Vegas. René invitait régulièrement ses amis québécois à le joindre sur les terrains de golf du coin. Quant à Céline, soucieuse de s'impliquer dans la communauté, elle a divisé les bénéfices de la 500e représentation de son spectacle entre dix organismes de charité locaux.

Un an après le début de *A New Day...*, René Angélil ne tarissait pas d'éloges à l'endroit de la ville : « À Las Vegas, tu as des restaurants extraordinaires. Tu pourrais même aller dans un restaurant différent tous les jours, et ce, durant toute une année. [...]

Dans la loge de Céline, devant le gigantesque tableau où les invités de marque ont laissé leur signature, dans les coulisses qui mènent aux appartements de la chanteuse, dans le grand hall ou au milieu de la salle, René Angélil se sent comme chez lui au Colosseum, un théâtre qu'il a fait construire pour sa protégée, et où s'est concrétisé l'un de leurs rêves les plus fous, le spectacle *A New Day...* (2007)

Archives. Chantal Poirier/*Le Journal de Montréal*

René Angélil dans le grand hall du Colosseum.

Tu peux voir les meilleurs spectacles, les plus différents, et tous offerts dans les meilleures conditions possibles. De plus, il fait beau et chaud presque tout l'temps ici. » De son propre aveu, il aurait pu parler de Las Vegas pendant des heures.

En mars 2013, la mairesse reconnaissait l'apport de Céline à sa municipalité : « Elle est tout simplement phénoménale. Elle est gentille et généreuse, et très impliquée dans la communauté. Elle nous a beaucoup aidés », confiait Carolyn Goodman avant de raconter combien son mari – qui fut avant elle le maire de Las Vegas – avait eu besoin de la chanteuse en 2003, alors que la ville

était victime d'une inondation. « [Il] avait demandé à Céline de lancer un message d'intérêt public pour demander des fonds à la population. Elle avait gracieusement accepté. Dans notre livre à nous, c'est la meilleure. »

Le couple, qui pensait vendre sa demeure du Nevada au terme de l'aventure *A New Day*…, a revu sa décision : « On la garde parce qu'on va revenir ici. Pas pour donner des shows, mais simplement pour revenir à Las Vegas. En fait, c'est Céline qui ne veut pas vendre la maison. Au départ, l'idée était de la vendre à la fin du contrat, mais c'est ici que René-Charles a grandi. Il est arrivé ici quand il avait un an et demi et il aura sept ans quand on va partir. Il y a plein de souvenirs rattachés à cette maison-là », expliquait René Angélil.

Comme Elvis Presley avant elle, Céline Dion a associé son nom à celui de Las Vegas et a réussi ce que très peu d'artistes arrivent à faire : amener le public à soi. Soir après soir, année après année.

Tel le colonel Parker, René Angélil a changé le visage de Las Vegas à tout jamais en lui léguant le talent d'une chanteuse, en créant l'une des plus belles salles de spectacles sur le strip, et en redonnant à la ville un certain glamour, empoussiérée par les années avant l'arrivée du couple.

René Angélil dans les coulisses qui mènent aux appartements de la chanteuse. Archives. Chantal Poirier/*Le Journal de Montréal*

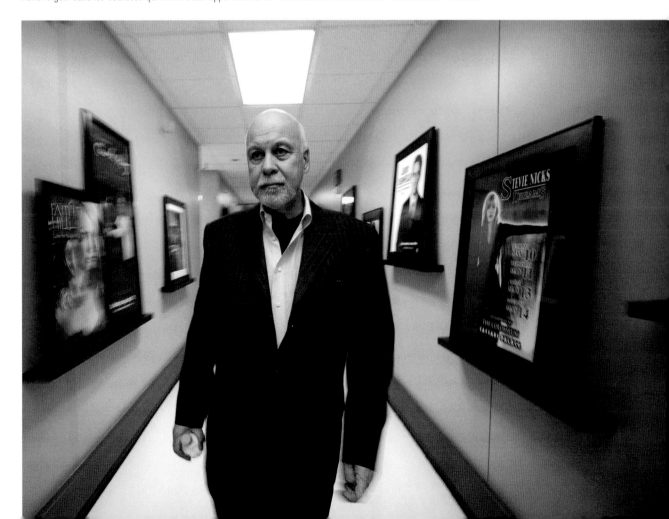

Je cherche l'ombre
Pour nous mettre à l'abri

« Je cherche l'ombre », *D'Elles* (2007)

Un monde à part

En 2004, sur la scène des World Music Awards, c'est l'acteur Michael Douglas qui a remis à Céline Dion un Diamond Award, soulignant ses ventes de 175 millions d'albums. « C'est un prix tellement incroyable, confiait alors la chanteuse. Je suis fière et très contente, mais je le suis surtout pour René, qui est dans le business depuis si longtemps. À 62 ans, pour lui, c'est la plus belle chose qui puisse nous arriver. »
Archives. Gilles Lafrance/*Le Journal de Montréal*

15 septembre 2004. Pour la toute première fois de sa courte histoire, la cérémonie des World Music Awards, qui en était alors à sa 16e année, n'était pas présentée à Monaco mais à Las Vegas, en direct du Thomas & Mack Center – un gigantesque centre sportif intégré au campus de l'Université du Nevada.

Céline Dion recevrait sur scène un Diamond Award, prestigieux prix soulignant des ventes de 175 millions d'albums à travers le monde. D'un calme olympien, René Angélil l'accompagnait dans sa loge, aménagée à l'intérieur d'un local de l'aréna. Coiffure, maquillage, ajustement de robe : c'était le tourbillon autour de la chanteuse, habituée à ce rythme grisant précédant les spectacles.

Céline allait bientôt monter sur scène quand quelqu'un frappa à la porte.

« Hello my darling ! You are fantastic ! »

C'était Michael Douglas, venu saluer Céline et René avant de remettre son prix à la chanteuse. « Comment va Catherine ? », s'empressa de lui demander celle-ci, vêtue de la magnifique robe noire qu'elle portait sur le tapis rouge.

Le couple et l'acteur entrèrent dans une discussion animée. Fidèle à lui-même, René Angélil se montrait chaleureux, souriant. Il se plaisait à présenter Douglas aux gens présents, en insistant sur la personnalité et les réalisations de chacun, au point où c'était presque l'acteur lui-même qui aurait dû se sentir honoré de les rencontrer.

« J'ai moi-même connu Michael Douglas au golf », confia-t-il.

*

René Angélil évolue dans un environnement privilégié auquel peu de gens ont accès et dans lequel bien peu sont complètement à l'aise. René, lui, l'était, puisqu'il ne connaissait pas les faux-semblants. Il est toujours resté le même.

Dans la loge de Céline, au Colosseum, un gigantesque tableau décoré de dizaines d'autographes témoigne de toutes les stars qui sont venues l'entendre chanter et qui ont tenu à la saluer personnellement, avant ou après le spectacle.

Michael Jackson lui-même s'est un jour présenté à René Angélil pour s'enquérir de son expérience à Las Vegas. Curieux, Jackson voulait prendre la mesure de ce qu'un tel contrat exigeait. D'autres impresarios s'en seraient certainement vanté dans un journal à potins ; René, pour sa part, a toujours préféré tourner les projecteurs en direction de sa protégée.

Propulsé sous les projecteurs, René Angélil est toujours resté simple et disponible pour ses admirateurs. Archives. Pascal Ratthé/*Le Journal de Montréal*

On connaît les liens serrés que le couple a tissés avec des personnalités comme Oprah Winfrey ou Michel Drucker, mais il faut aussi savoir que René a construit de solides relations avec les grands patrons de l'industrie, ceux qui travaillent au sommet des tours les plus hautes, ceux qui prennent les vraies décisions.

Sa force résidait en cette capacité inouïe de négocier avec les « décideurs à cravate » et de dialoguer avec les metteurs en scène, les artistes et les créateurs ; René Angélil était le pont entre ces deux univers distincts, peuplés de gens aux antipodes les uns des autres.

Or, ses contacts avec les plus grands ne l'ont jamais empêché de rester accessible. Combien d'artistes québécois l'ont-ils appelé pour lui demander conseil ?

Michèle Richard, en plein tournage de sa télé-réalité, est débarquée à Las Vegas. Dans la loge de René, elle s'est ébahie de découvrir la chaise du colonel Parker. Amusé de la voir y prendre place, René s'est montré aussi généreux envers elle que s'il avait reçu Barbra Streisand. « Toi, t'es une artiste dans le fond de l'âme », lui dit-il après avoir écouté l'une des chansons de son prochain album.

Le parcours du couple Dion-Angélil croise celui de nombreuses vedettes de la musique. Pour l'album *Let's Talk About Love*, sorti en 1998, René et Céline se font offrir « Immortality », une chanson écrite par Barry Gibb et les Bee Gees. Les membres du célèbre groupe prêteront leurs voix aux chœurs de la ballade. Archives/*Le Journal de Montréal*

Comme Céline, René a toujours fait montre d'un certain détachement, d'un éloignement quant au prestige du showbiz : les sorties mondaines, les soirées privées, les scandales, les potins et même les photos de paparazzis : rarement le couple a-t-il flirté avec ce côté glamour qui enivre tant de vedettes.

Le couple est resté terre-à-terre. Ses succès et son travail acharné lui ont certes assuré un avenir financier à faire rougir le commun des mortels, mais jamais ils n'en ont fait l'étalage.

Le renouvellement de leurs vœux, cinq ans après leur mariage, fut l'occasion d'une faste cérémonie privée organisée à Las Vegas dans un décor digne des *Mille et une nuit* : il s'agit d'une rare démonstration de l'ampleur de leurs moyens. Si elle se voulait une façon de rappeler les origines libanaises et syriennes de René Angélil, cette cérémonie constituait d'abord et avant tout un rassemblement familial pour célébrer leur amour avant d'entamer l'une de leurs exceptionnelles périodes de congé prolongé.

En fait, qu'il soit question d'avion privé, de limousines ou de gardes du corps, le luxe associé au showbiz n'a jamais été, ni pour Céline ni pour René, un souhait, mais un besoin : sans y avoir recours, jamais ils n'auraient pu honorer tous leurs engagements. Ceux qui, à leurs débuts, organisaient avec les moyens du bord des tournées dans les centres commerciaux du Québec ont su mieux que d'autres apprécier ces commodités devenues accessibles avec le succès.

La jungle du showbiz compte son lot de dangers. Calme, prudent, courtois et généreux, René Angélil a su en éviter les écueils et protéger les siens au long de sa longue carrière, qui s'est étendue sur plus d'un demi-siècle. (2011)
Archives. Jocelyn Malette/*Le Journal de Montréal*

Et puis une star de l'envergure de Céline ne pourrait pas se permettre un bain de foule sans gardes du corps. Même René, propulsé sous les projecteurs en tant qu'agent et mari de la vedette, aurait bénéficié de ce type de protection. Mais il n'était pas rare de le voir déambuler seul, dans les allées bondées des casinos de Las Vegas, ou assis en solitaire à la table d'un restaurant. Il préférait gérer lui-même les effusions d'amour spontanées des fans qui l'avaient reconnu.

Je prends le blues aux signaux des répondeurs
Je prends la peine aux aéroports
Je vis l'amour à des kilomètres ailleurs
Et le bonheur à mon téléphone

« Destin », *D'eux* (1995)

L'homme d'affaires

Un artiste, oui. Un agent ? Assurément, et le plus grand du monde. Un entrepreneur ? Depuis longtemps.

Au-delà des Productions Feeling, la compagnie qu'il a montée de toutes pièces pour entourer Céline et les autres artistes sur qui il a veillé, René Angélil a testé sa fibre entrepreneuriale à maintes reprises.

Au tournant des années 1990, Céline et lui ont associé leurs noms aux restaurants Nickels, au concept calqué sur celui des populaires casse-croûte des années cinquante : banquettes, décoration rétro et classiques burgers, pâtes et pizzas.

Des années plus tard, le couple faisait de nouveau irruption dans l'univers de la restauration, prenant tout le monde par surprise en se portant acquéreur du restaurant Schwartz's, le plus vieux delicatessen du Canada, boulevard Saint-Laurent, à Montréal.

C'est un appel de Paul Sara, le cousin de René, qui les a poussés à s'intéresser au projet en 2012. « Je ne pouvais pas refuser. Je me revoyais avec mon Ben Kaye à 19 ans aller chez Schwartz's et je n'en revenais pas d'avoir la chance d'embarquer dans cette aventure. Nous sommes trois familles de propriétaires : les Sara, c'est mon neveu Éric, qui a son MBA, qui s'occupe de l'admi

René Angélil était un client du restaurant Schwartz's, sis boulevard Saint-Laurent, à Montréal, depuis le début des années 1960. « J'y viens depuis l'âge de 19 ans. C'est mon manager Ben Kaye, un fan de l'endroit, qui me l'a fait découvrir », confie-t-il après avoir acheté le mythique deli avec différents partenaires, en 2012. Archives. Pierre-Paul Poulin et Éric Carrière/*Le Journal de Montréal*

Copropriétaire avec Céline du club de golf Le Mirage, René Angélil faisait parfois un petit détour par les cuisines, en vue de goûter lui-même aux plats préparés pour les invités. Ici, en 2012, aux côtés de chef exécutif Mario Julien. Archives. Chantal Poirier/*Le Journal de Montréal*

nistration, j'en suis très fier ; il y a la famille Nakis, très impliquée dans la restauration à Montréal ; et moi et mes enfants, même les jumeaux de 16 mois ont des parts », expliquait-il peu de temps après l'achat.

Le célèbre agent convenait qu'il s'agissait plus d'une affaire de cœur que de profits : « Schwartz's c'est une expérience en soi. Y a pas de stationnement, la place est pas si belle, tu manges sur des petites tables entassées avec des inconnus, mais ça marche... Faut que ce soient les meilleurs smoked meat et que la qualité soit toujours au rendez-vous. C'est ça la recette gagnante.

« Je me souviens la première fois que j'ai amené ma mère, elle n'en revenait pas de l'endroit. Et je vous assure qu'il n'y aura pas

de changement, pas de franchise, nous allons respecter la tradition », confiait-il, attablé au milieu des clients.

Au lendemain de son décès, la photo de René Angélil a été installée à l'entrée du restaurant, près de la caisse. « Plusieurs se sont déplacés pour René. La journée est pour lui, en sa mémoire. Habituellement, en janvier, c'est plus calme, confiait le gérant du restaurant, Frank Silva. Il y a un client tantôt qui a pleuré en voyant la photo, et il l'a même embrassée. »

*

En plus de brasser des affaires dans le monde du sport en achetant le club de golf Le Mirage, René Angélil a aussi investi dans celui

des boîtes de nuit. Avec Céline, il a en effet compté au nombre des actionnaires – avec Andre Agassi, Steffi Graf et Shaquille O'Neal – qui ont ouvert le club Pure, à Las Vegas, la veille du jour de l'an 2005. La gigantesque boîte de nuit est située à l'intérieur du Caesars Palace, à deux pas du Colosseum. Faisant 36 000 pieds carrés, elle a nécessité un investissement de quelque 15 millions de dollars, et est rapidement devenue l'un des endroits les plus branchés du strip.

Un seul regret marqua peut-être le parcours entrepreneurial de René Angélil : celui de ne pas avoir pu associer son nom aux Canadiens de Montréal alors que l'équipe était mise en vente en 2009.

*

Et si René Angélil était celui qui avait le mieux compris ce qu'était le show-business ? Et si sa passion lui avait permis d'être le trait d'union entre ces deux mondes ?

Aux côtés de Larry Smith, président et chef de la direction des Alouettes de Montréal, de Monique Leroux, présidente et chef de la direction du Mouvement Desjardins, et de Luc Bertrand, président et directeur général de la Bourse de Montréal et du Groupe TSX, René Angélil a reçu en 2009 un prix de la Faculté de gestion de l'Université McGill, soulignant sa position enviable dans le monde des affaires.

En 2009, la Faculté de gestion de l'Université McGill souligne le leadership de René Angélil dans le monde des affaires en lui décernant un prix. Archives. Jocelyn Malette/*Le Journal de Montréal*

« La gérance de la carrière de sa conjointe Céline Dion, la gestion de son entreprise Les Productions Feeling ainsi que son attitude philanthropique envers différentes causes telles que le cancer du sein et la Fondation de l'Hôpital Sainte-Justine pour les enfants malades ont motivé le choix de l'université montréalaise de lui remettre l'un des prix annuels de la Faculté de gestion Desautels », expliqua l'Université.

« Faut de la passion, faut devenir un gérant pour les bonnes raisons, analysait-il lui-même en 2011. Il y a trop de faux managers qui embarquent dans le show-business dans le seul but de faire de l'argent. Ils lisent des histoires comme la mienne et foncent aveuglément, pensant faire fortune. Si tu viens dans ce métier pour faire la passe, tu risques d'échouer. C'est la pire chose. »

Le pouvoir du rêve
La foi en l'invisible
Le courage d'embrasser tes peurs
Pour atteindre ta propre étoile
Où que tu sois

« The Power Of The Dream » (traduction libre),
The Collector's Series, Volume One (2000)

Le visionnaire

Le Qwest Center d'Omaha, la plus importante ville du Nebraska, était plongé dans le noir en ce 26 février 2009, quelques secondes avant que ne commence le spectacle de Céline. La pluie et les forts vents de l'après-midi n'ont toutefois pas empêché quelque 15 000 fans de se déplacer pour entendre la diva pousser les toutes dernières notes de sa tournée mondiale *Taking Chances*, entreprise un an plus tôt. Pour cette tournée unique au cours de laquelle Céline et René ont visité une trentaine de pays en 12 mois, la chanteuse prenait place sur une scène centrale.

Bouteille d'eau à la main, René Angélil sortit lui aussi des coulisses pour longer de son pas lent mais assuré le devant des gradins, et il rejoignit le fond de la salle afin de s'installer près de la console de son. Les spectateurs allongeaient les bras et criaient son nom : au fil des ans, il était devenu une vedette au même titre que Céline. Mais René ne perdait pas sa concentration. Il n'était pas question de rater un détail de la prestation, même s'il s'agissait de la dernière d'une longue série.

En ce soir de février, Céline et lui s'apprêtaient à clore un important chapitre de leur vie professionnelle, marqué par deux défis titanesques : le spectacle *A New Day...*, lancé en 2003, puis *Taking Chances*, une tournée mondiale particulièrement ambitieuse, effectuée en 2008 et en 2009. Les deux cycles s'étaient enchaînés sans transition.

D'abord, ce fut le succès à Las Vegas. « Au début, peu de gens croyaient qu'une artiste pouvait être capable de remplir plus de

A New Day... a vu le jour au début des années 2000 grâce à René Angélil, mais aussi grâce à John Meglen, le président et cochef de la direction d'AEG Live, la compagnie qui a pris en charge les opérations du Colosseum et la production du spectacle. Dix ans plus tard, les deux hommes ne pouvaient que savourer les résultats d'une telle opération, à laquelle peu de gens avaient cru. Archives. Chantal Poirier/*Le Journal de Montréal*

4 000 places chaque soir à Las Vegas. Céline l'a fait. Et moi, je savais qu'elle pouvait gagner ce pari », analysait en mars 2012 René qui, amateur de chiffres, se plaisait à rappeler qu'à leur arrivée à Las Vegas, le plus grand théâtre de la ville était celui du Bellagio, avec 1 800 sièges. Chaque soir, les recettes de *A New Day…* s'élevaient à 550 000 $. Multipliées par 723 représentations – du 25 mars 2003 au 17 décembre 2007 –, elles ont totalisé quelque 397 millions de dollars. En 5 années, la production n'a annulé que 18 spectacles, pour des problèmes de santé de Céline. Il n'y a donc rien d'étonnant à ce que la direction du Caesars Palace ait prolongé le contrat initial de Céline de trois à cinq ans, et qu'elle lui ait proposé de redevenir l'une de ses têtes d'affiche dès 2011.

À peine trois mois après ce marathon dans la ville du péché, Céline se trouvait sur la scène du Coca-Cola Dome de Johannesburg, en Afrique du Sud, entamant une tournée qui la mènerait sur les cinq continents.
Cette période de dur labeur, qui a duré six années en tout, n'a pas empêché le couple de lancer deux albums en français (*Une fille et quatre types* et *D'elles*), trois albums en anglais (*One Heart*, *Miracle* et *Taking Chances*), en plus du disque enregistré en concert *A New Day: Live in Las Vegas* et de deux compilations, *On ne change pas* et *My Love: Essential Collection* !

René admettait en 2012 que *Taking Chances* avait été une tournée particulièrement ambitieuse : « On ne fera plus jamais une tournée mondiale comme on vient de faire. On va plutôt faire des tranches de tournées mondiales comme le font d'autres artistes.

Aucun de ces artistes-là n'a fait 135 spectacles l'un à la suite de l'autre. J'ai compris pourquoi. On va faire des tournées de 20 à 30 spectacles. Les tournées mondiales, ça demande beaucoup trop d'énergie. Faire une tournée comme on l'a fait, même si ç'a été *sold out* partout, ç'a été très fatigant. »

À l'issue du spectacle *Céline sur les Plaines* – un autre événement unique présenté en 2013, où Céline chanta pour la première fois en duo avec Ginette Reno –, René Angélil s'ouvrait sur l'un des aspects du métier qu'il a toujours su maîtriser : le stress. « On se met de la pression sur le dos comme ça ne se peut pas, avouait-il. Mais c'est ça, le show-business. Il faut se donner des défis. »

En 2011, affairé à préparer le retour de Céline sur la scène du Colosseum, il insistait sur l'importance de demeurer à l'affût dans un métier comme le sien : « Tu dois penser vite dans ce métier, mais je le répète, moi, je me demande toujours ce que le public veut et j'essaie de le lui donner. [...] Car le milieu ne te donne pas de passe-droit, tu dois faire tes preuves en tout temps, surtout quand tu as du succès, il faut en faire un autre et un autre... Donc ton instinct ne doit pas trop te tromper. »

Force est aujourd'hui d'admettre que celui de René Angélil ne lui a pas joué de mauvais tours.

La tournée mondiale *Taking Chances* était la première de Céline depuis la tournée *Let's Talk About Love*, à la fin des années 1990.

Archives. Chantal Poirier/*Le Journal de Montréal*

On ne change pas
On attrape des airs et des poses de combat
On ne change pas
On se donne le change, on croit
Que l'on fait des choix

« On ne change pas », *S'il suffisait d'aimer* (1998)

Être et paraître

René Angélil a toujours soigné son image. En témoignent ses habits ajustés, agencés à une cravate et à un foulard de poche minutieusement choisis. Le même soin a été apporté aux vêtements de René-Charles, lui aussi tiré à quatre épingles.

Archives. Daniel Mallard/*Le Journal de Québec*

Avec René Angélil, rien n'était laissé au hasard. Rien. Tiré à quatre épingles, la cravate parfaitement nouée, il faisait bonne impression là où il passait.

Le charismatique impresario dégageait quelque chose d'unique : il impressionnait. « On ne pouvait s'empêcher de le regarder quand il arrivait quelque part : il avait l'air d'un prince quand il descendait de sa limousine. Et malgré toute la pression venant avec son poste important, il demeurait toujours calme », écrivait Michel Bergeron au lendemain de son décès.

Aux journalistes québécois qui ne maîtrisaient pas les subtilités de l'anglais, René épelait les titres de chanson, les noms de collaborateurs. Il tenait à ce que ce soit parfait. Aux musiciens comme aux techniciens, il donnait des directives claires et précises ; aux metteurs en scène et aux créateurs, il prenait le temps d'exposer sa vision. Le spectacle devait être comme il l'avait pensé.

Pour le couple, le secret du succès était de toute évidence dans les détails. Pas de rencontres précipitées avant les spectacles : chaque fan qui avait le privilège de les croiser dans les coulisses avait droit à un moment de qualité avec la chanteuse et son mari. À l'écoute des premières notes en provenance des musiciens, d'autres artistes auraient coupé court aux petits échanges d'arrière-scène ; pour Céline et René, si cette musique se faisait entendre, c'est qu'il y avait un public et, s'il y avait un public, il fallait en prendre soin.

Chaque fois qu'un admirateur leur a offert une peluche, un cadeau ou des fleurs, ils les ont reçus comme s'il s'agissait d'un œuf de Fabergé, multipliant les accolades et les remerciements. C'est énorme lorsqu'on sait que certaines stars, pour ces rencontres organisées (des *meet and greet*, dans le jargon de l'industrie), exigent que personne ne les touche du bout du doigt sans en avoir obtenu la permission.

Au Colosseum, près de la loge de Céline et du bureau de René, une petite pièce a été spécialement aménagée pour que le couple puisse y enregistrer des messages vidéo. Ainsi, ils étaient en mesure de communiquer à leurs proches et à leurs admirateurs un souhait d'anniversaire, d'exprimer leur soutien à une cause ou de donner de leurs nouvelles. L'éclairage parfaitement ajusté, l'équipement moderne incluant même un télésouffleur : tout était mis à contribution pour que ces messages soient de la meilleure qualité possible. L'un ou l'autre trébuchait sur un mot ? On recommençait l'enregistrement. Rien n'était laissé au hasard.

*

Lorsque l'affaire Yun Kyeong Sung Kwon éclata en 2000, toute l'industrie fut surprise de ce premier scandale touchant le couple. Une Californienne d'origine coréenne accusait René Angélil de viol.

« J'étais avec deux amis dans un casino lorsque je l'ai rencontrée, a raconté l'impresario en 2004, au lendemain de la condamnation de Kwon, qui fut reconnue coupable d'extorsion et de conspiration pour extorsion par un tribunal de Las Vegas. À trois reprises durant la soirée, elle est venue me voir pour me dire qu'elle était une grande fan de Céline et qu'elle était impressionnée de me rencontrer. »

À leur troisième rencontre, Yun Kyeong Sung Kwon a demandé à René Angélil de la suivre pour saluer une amie handicapée qui vouait une admiration encore plus grande que la sienne à la chanteuse. « Je l'ai suivie jusqu'à un autre casino, le Imperial Palace, juste en face [du Caesars Palace]. Elle a ouvert la porte d'une chambre où devait supposément être son amie handicapée, et il n'y avait personne. J'ai tout de suite vu que ça ne sentait pas bon et je suis parti. »

René Angélil s'est confié au *Journal de Montréal* en octobre 2004, au lendemain de la condamnation de Yun Kyeong Sung Kwon, qui fut reconnue coupable d'extorsion et de conspiration pour extorsion par un tribunal de Las Vegas. Archives/*Le Journal de Montréal*

Triste affaire s'il en est une, René Angélil n'a jamais été accusé de quoi que ce soit, et n'a même pas été rencontré par la police.

« Garder le silence est ce qui a été le plus difficile depuis tout ce temps-là », confiait l'impresario, dont l'image publique n'a guère souffert de ce coup monté. Il en a tout de même tiré une leçon importante : « C'est un cauchemar que toutes les personnes connues peuvent vivre. Depuis ce temps, je fais attention à tout ce que je fais. »

Parce que j'ai trouvé un rêve qui doit se réaliser
Chaque once de moi doit le voir

« Immortality », (traduction libre) *Let's Talk About Love* (1997)

Œil de lynx

sur les P

Certes, René Angélil avait de grandes qualités d'organisateur et de gestionnaire, mais, à bien des égards, on pouvait aussi le qualifier de génie du marketing.

C'est qu'il a toujours réussi à mettre la voix et le talent de Céline à l'avant-plan, construisant dans l'ombre les écrins qui serviraient à mieux les faire briller.

Au fil des années, Céline a ainsi fait des apparitions-clés : elles l'ont fait connaître à un nouveau public ou ont marqué un tournant dans sa carrière.

*

Le 11 septembre 1984, avec un aplomb extraordinaire, la jeune Céline Dion chantait pour le pape Jean-Paul II, en visite à Montréal. Devant 65 000 jeunes réunis au Stade olympique, elle entonna les paroles de la chanson composée par Paul Baillargeon, et devint instantanément la fille rêvée de toutes les mères.

Le lendemain, les ventes de son album *Mélanie*, qui venait tout juste d'être lancé, explosèrent. « Une colombe » atteint la deuxième place des palmarès au Québec, et s'écoula à quelque 50 000 exemplaires.

En 1996, Bill Clinton lui-même insista pour que Céline chante lors de la cérémonie d'ouverture des 100e Jeux olympiques, à Atlanta.

Vêtements, stylos, porte-clés, tasses à café... René Angélil mesurait mieux que quiconque la valeur de l'image de Céline.

La prestation, mémorable, eut lieu à un moment charnière pour la chanteuse, dont la popularité aux États-Unis progressait à grands pas, notamment grâce à la sortie de son quatrième album en anglais, *Falling Into You*. « À mon avis, c'est là qu'elle est devenue une superstar, analysait l'impresario en 2004. Avant, elle était une star qui vendait beaucoup de disques, mais après ces Olympiques, les ventes de *Falling Into You* ont grimpé en flèche. »

*

« My Heart Will Go On » est un autre moment fort de la carrière de la chanteuse. René Angélil sut flairer la bonne affaire ! Composée par James Horner, la chanson de 4 minutes et 41 secondes devint non seulement, à la sortie du film *Titanic*, l'un des plus gros succès musicaux de l'histoire, mais la signature de Céline, celle qui lui permit de remporter un oscar et plusieurs Grammy. Céline Dion reconnut l'apport du compositeur à sa carrière en juin 2015, lors de son décès dans un écrasement d'avion : « René et moi sommes profondément attristés par la mort tragique de James Horner. Il restera toujours un grand compositeur dans nos cœurs. James a joué un rôle important dans ma carrière. Il va nous manquer. »

*

Difficile d'organiser meilleure campagne de marketing que celle montée autour de « You and I ». En mai 2004, la chanson apparaissait comme piste extra sur l'album *A New Day... Live in Las Vegas*.

Au cours des semaines suivantes, la compagnie Air Canada s'est mise à faire jouer la chanson au décollage de ses appareils. La vidéo, diffusée sur les écrans au-dessus des passagers, montrait Céline Dion chantant

au milieu d'un aéroport bondé, où des avions d'Air Canada étaient prêts à s'envoler.

En octobre de la même année, Céline est devenue la voix du transporteur aérien, une annonce faite en grande pompe à Toronto puis à Montréal. « You and I », bien qu'elle ait été écrite dans le but avoué d'appuyer la campagne de la compagnie, s'est retrouvée dans les palmarès de plusieurs pays, dont le Canada, la Hongrie, la Pologne, le Portugal et Taïwan.

En 2007, elle a été choisie par l'équipe d'Hillary Clinton pour être la chanson officielle de l'investiture démocrate, en vue de l'élection présidentielle de 2008.

*

Avec un soin jaloux, René Angélil a toujours tenu à ajuster la mécanique de ses opérations, qu'il soit question d'albums ou de spectacles. La nuit suivant la toute première représentation de *Taking Chances* en Afrique du Sud, par exemple, il ne s'est accordé qu'une seule heure de sommeil, afin de revoir la performance dans tous ses aspects. « Il faut toujours du temps avant qu'un spectacle soit à point, expliquait-il. Au Caesar Palace, à Las Vegas, il a fallu sept ou huit représentations avant que le tout soit parfait. »

Présent à presque chacun des spectacles de sa protégée, René Angélil voyait tout, écoutait tout et savait tout. Debout derrière la console, marchant dans le labyrinthe d'arrière-scène du Colosseum ou calé dans l'un des sièges de la salle, il avait cette faculté de remarquer les

Fin stratège et génie du marketing, René Angélil a souvent pris la parole devant les médias (comme ici, en 1991) pour annoncer les projets de Céline et faire connaître les plans qu'il lui réservait, chaque fois plus impressionnants que les précédents.
Archives. Normand Jolicœur/*Le Journal de Montréal*

détails, d'entendre les critiques. Il mettait rapidement le doigt sur ce qui n'allait pas : une robe de la mauvaise couleur, une chanson ralentissant le rythme général.

Après l'un des premiers spectacles de Céline, marquant le retour de la chanteuse à Las Vegas en 2011, l'impresario a sondé les membres de son équipe. Chaque commentaire était soupesé comme si l'avenir professionnel de Céline en dépendait. C'était d'ailleurs l'une de ses grandes forces : ne rien prendre à la légère. Pour René Angélil, tout était question de travail, d'organisation et, surtout, de synchronisation.

« Qu'on se soient rencontrés tous les deux [lui et Céline], à un moment où tous les deux on avait besoin l'un de l'autre ; le timing est très important, tout le temps », confiait-il, assis dans son bureau du Colosseum au mois de mars 2007.

Lors d'une prestation de Céline, rien n'échappe à René Angélil, toujours alerte et concentré, comme ici, sur un plateau-télé français.
Archives. Raynald Leblanc/*Le Journal de Montréal*

Toutes mes lignes de téléphone sonnent
J'suis bookée à la télévision
Dans tous les shows de promotion

« Des mots qui sonnent », *Dion chante Plamondon* (1991)

Derrière la caméra

René Angélil aimait le travail bien fait, les gens honnêtes. Travailleur acharné, il donnait le meilleur de lui-même et s'attendait à ce que les autres agissent de la même façon.

Avec les médias, il ne s'est jamais défilé, répondant aux questions et exauçant, dans la mesure du possible, les diverses requêtes qu'il recevait.

Un cercle restreint de journalistes a eu accès à son téléphone personnel, un numéro jalousement gardé, accessible à toute heure du jour ou de la nuit pour qui savait s'en servir intelligemment.

L'impresario s'est toujours attendu à ce que les médias rapportent les faits tels qu'ils étaient, sans qu'ils soient déformés. Sensible à la critique – il ne faut pas oublier que l'agent était aussi l'amoureux –, il a encaissé sans mot dire des commentaires durs ou peu élogieux s'il les jugeait justes. En cas contraire, il n'a jamais hésité à le faire savoir.

Ce qu'il considérait comme des propos méchants, illégitimes ou carrément faux valaient à leur auteur une vive réplique. Rien ne l'empêchait de faire prévaloir son point de vue, preuves et chiffres à l'appui. À l'automne 2004, en marge du lancement de l'album *Miracle* de Céline Dion à New York, René Angélil a fait irruption dans la chambre d'hôtel où se déroulait une entrevue de la star avec une poignée de journalistes québécois. Sans hâte, il s'est approché, des feuilles

René Angélil ne s'est jamais défilé devant les questions des journalistes, qu'il soit question d'un album, d'un spectacle ou d'un projet à venir.
Archives. Chantal Poirier/*Le Journal de Montréal*

à la main, puis a apostrophé une journaliste dont il n'avait pas aimé les propos. On le sentait bouillonnant pendant qu'il communiquait ses arguments, calmement mais fermement. René Angélil ne haussait jamais le ton, mais il savait diriger les conversations pour qu'elles deviennent à sens unique.

Si les critiques étaient gratuites, l'impresario jugeait souvent qu'il ne valait même pas la peine de se battre contre elles : « Certains ont du fun et aiment rire de Céline parce qu'elle a du succès. Je dis tant pis pour eux. Ça ne mérite pas qu'on perde du temps avec cela. La vie est trop belle », disait-il au lendemain d'un Bye bye où un numéro caricaturait la chanteuse en plein accouchement.

Il avait aussi la mémoire longue. Pendant des années, il a boudé Radio-Canada, furieux depuis la diffusion d'une émission, en 2006, portant sur les 25 ans de carrière de Céline. « Plutôt qu'à un hommage, on a eu droit à une désastreuse émission Enjeu, qui a présenté seulement des gens qui détestaient Céline, comme Nathalie Petrowski [La Presse] ou encore Sylvain Cormier [Le Devoir], qui répétait dans le message servant à promouvoir l'émission : «Quand je la vois, elle me dégoûte.» Ils ont le droit de ne pas l'aimer, mais ils n'ont pas le droit de nier son talent et son travail acharné pour atteindre son statut », avait-il affirmé en février 2009.

Ami et partenaire de poker de Guy A. Lepage, René Angélil a refusé ses invitations à l'émission Tout le monde en parle, diffusée sur les ondes de la société d'État, jusqu'à l'automne 2009. « On revient à Radio-Canada à cause de toi », a-t-il lancé à l'animateur, après avoir expliqué les raisons de sa colère.

*

Un média publiait une photo disgracieuse de sa protégée ? René Angélil n'appréciait pas. Un journal à potins faisait ses choux gras avec des informations mensongères ? René Angélil n'appréciait vraiment pas.

En fait, il n'était pas très différent, sur ce point, des autres agents de l'industrie, à la différence que ces derniers restreignent généralement l'accès des médias aux artistes pour éviter ce genre situation... Madonna ne s'est jamais laissée interviewer au bord de sa piscine et il aura fallu la mort de Michael Jackson pour que les fans découvrent sa chambre à coucher.

René Angélil n'était pas de cette école : il préférait ouvrir ses livres, faire confiance, et vivre avec le résultat. Conscient que le succès de Céline est dû au public et, que les médias servent souvent d'intermédiaire entre les artistes et les fans, il acceptait de maintenir ce lien précieux.

René, comme Céline, a choisi de vivre dans une maison de verre.

Aux médias, capables du meilleur comme du pire, il a sagement rappelé, à l'occasion, que le verre était fragile.

Je ne vais pas regarder de l'autre côté
Une fois de plus
Parce qu'après les nuages, il n'y a qu'un autre ciel vide
Je ne vais pas attendre de voir la pluie
Passer
Rien ne va arranger les choses, regarde-moi,
car je choisis la vie

« Ain't Gonna Look The Other Way » (traduction libre), *A New Day : Live In Las Vegas* (2004)

Le Mal

« En 1999, j'ai reçu la nouvelle terrible, qui te coupe les jambes et suspend ta vie. Celle d'un cancer à la gorge. Tout combat contre ce mal est une expérience très dure. Oui, nous sommes des survivants, car après la vie n'est jamais plus pareille. Tout devient plus intense. On sent l'urgence de vivre et de faire. »

Très sensible au moment de parler de sa maladie, René Angélil a partagé son expérience en 2011, lorsqu'il a accepté de prêter son nom à une chaire de recherche en oto-rhino-laryngologie du Centre hospitalier de l'Université de Montréal.

La maladie n'a pas de patron, pas d'allié. Elle ne se guérit pas avec un chèque ni avec l'effort. Même les meilleurs soins n'en viennent pas toujours à bout. René Angélil a traversé bien des épreuves au cours de sa vie, mais il savait qu'il n'avait aucune emprise sur celle-là.

Quand René fut frappé pour la première fois par le cancer, le couple Dion-Angélil s'offrit une année sabbatique avant de voir naître son premier enfant, René-Charles. C'est à la même époque que René fut éclaboussé par

En août 2011, pour les besoins d'une chaire de recherche en oto-rhino-laryngologie, René Angélil accepte d'accoler son nom à celui du docteur Antoine Azar, qui a été durant 30 ans le chef et pilier du service d'ORL de l'Hôpital Saint-Luc du CHUM. L'impresario livre un vibrant témoignage, attentivement écouté par la docteure Lyne Desnoyers, à l'origine de la chaire, par Richard Mayrand, haut dirigeant du Groupe Jean Coutu et lui-même survivant du cancer, et par Annick Mongeau, impliquée dans les communications de la chaire de recherche.
Archives. Martin Chevalier/*Le Journal de Montréal*

une fausse histoire d'extorsion. Croyant acheter la paix, il avait déjà versé deux millions de dollars à Yun Kyeong Sung Kwon quand la cour trancha en sa faveur. « J'étais avec Céline, à New York, pour réaliser ce que nous attendions depuis six ans : avoir un enfant. Céline recevait deux injections par jour. Elle ne devait pas bouger et ne devait vivre aucun stress. Moi non plus. [...] Je devais rencontrer mes médecins, un an après mon cancer, pour s'assurer que tout était disparu. [...] Elle a été chanceuse que nous soyons à New York, à un moment aussi important pour nous. [...] Si ça arrivait aujourd'hui, ou si c'était arrivé à un autre moment, je ne lui aurais jamais donné une cenne », a-t-il expliqué en 2004.

*

René Angélil s'est remis de son cancer, mais il est resté habité par la crainte que la bête noire se réveille : « Aussitôt que tu as un p'tit bobo, t'as peur que ça revienne, avouait-il cinq ans après son opération à la gorge. J'ai été très chanceux d'être traité rapidement, et par les meilleurs médecins. Aussitôt que j'ai senti que j'avais une bosse, je me suis rendu à l'hôpital et, le lendemain, j'étais opéré. Ce fut une grande chance et je l'apprécie. »

« La journée du test annuel n'est pas la meilleure de l'année. Je sais que grâce au succès de la recherche j'ai gagné des années de vie avec les miens », confiait-il en 2011. L'année suivante plus tard, à 70 ans, il multipliait toujours les projets d'affaires : « Je ne compte plus les années, je profite de chaque moment tout simplement. »

*

À la fin de 2013, le cancer est revenu le hanter.

À l'émission Good Morning America, Céline, en 2015, a raconté comment elle avait trouvé son mari dans sa loge, dévasté, venu lui apprendre la terrible nouvelle. « Mon cœur s'est mis à battre plus rapidement et mon corps a commencé à paralyser. J'ai dit : «Je vais aller me maquiller, je vais aller chanter et je vais oublier ce que je ressens présentement» », a raconté la star sur les ondes de la chaîne ABC.

En juin 2014, René Angélil prenait l'industrie par surprise en annonçant qu'il confiait la gestion de ses affaires à son ami Aldo Giampaolo, alors nommé patron de Productions Feeling et agent associé de Céline Dion.

Les mois qui ont suivi ont été meublés de toutes sortes de rumeurs et de nouvelles révélées au compte-gouttes, parfois amplifiées, souvent effrayantes, laissant craindre le pire. Céline a raconté comment elle devait nourrir René trois fois par jour, grâce à une sonde d'alimentation – une image terriblement déstabilisante pour les fans, mais surtout pour les proches de l'impresario, qui connaissaient le plaisir que celui-ci avait à s'asseoir à une bonne table.

René Angélil a fait l'une de ses dernières apparitions publiques à l'occasion du baptême de Romy, la fille de Julie Snyder et de Pierre Karl Péladeau, en juillet 2014. Les photos partagées sur les réseaux sociaux et publiées dans le magazine français *Paris Match* le montraient dans un complet vert, le dos légèrement courbé, visiblement effacé. D'habitude si souriant, l'impresario contrastait alors avec les convives habillées de beige et de blanc qui s'amusaient dans le jardin coloré, aux côtés des enfants.

*

René Angélil s'est éteint le 14 janvier 2016 à Las Vegas, à quelques heures de son 74e anniversaire.

RENÉ ANGÉLIL
1942 – 2016

Forte, entourée de ses enfants et de sa famille, Céline a dit un dernier au revoir à son partenaire de vie devant la basilique Notre-Dame, à Montréal, le 22 janvier 2016. Archives. Pierre-Paul Poulin/*Le Journal de Montréal*

Légendes des images en ouverture de chapitres

1- L'alliance
CRÉDIT : Archives. Normand Pichette/*Le Journal de Montréal*
BAS DE VIGNETTE : Le célèbre couple se marie le 17 décembre 1994 à la basilique Notre-Dame, à Montréal. Les cartons d'invitation arborent leurs initiales, « CR », bien en évidence.

2- L'agent d'artistes
CRÉDIT : Archives. Gilles Lafrance/*Le Journal de Montréal*
BAS DE VIGNETTE : En juillet 1992, Céline vient de lancer son deuxième album sur le marché américain. René et elle vivent une histoire d'amour, qu'ils ne dévoileront au public que l'année suivante.

3- Le chef de clan
CRÉDIT : Archives. Raymond Bouchard/*Le Journal de Montréal*
BAS DE VIGNETTE: Céline et sa sœur Claudette, de 20 ans son aînée, entourent René Angélil, un jeune impresario promis à un futur encore insoupçonné.

4- Le père
CRÉDIT : Archives. Luc Laforce/*Le Journal de Montréal*
BAS DE VIGNETTE : À six mois, René-Charles est baptisé à Montréal devant une foule de curieux selon la tradition grecque-melkite, issue du rite catholique oriental. Il reçoit également sa première communion et sa confirmation.

5- Amis pour la vie
CRÉDIT : Archives. Martin Chevalier et Luc Bélisle/*Le Journal de Montréal*
BAS DE VIGNETTE : Le commentateur et chroniqueur Rodger Brulotte faisait partie du cercle restreint de l'impresario. Sage et de bon conseil, il a toujours eu une grande admiration pour les réalisations de son ami. Quant à la productrice et animatrice télé Julie Snyder, sa relation professionnelle avec René Angélil s'est muée en relation d'amitié sincère alors qu'il la guidait, lui-même impressionné par sa détermination et son souci du travail impeccable. Leur complicité est ici évidente quelques jours avant le gala de l'ADISQ 1996.

6- Les Baronets
CRÉDIT : Archives/*Le Journal de Montréal*
BAS DE VIGNETTE : Jean Beaulne, Pierre Labelle et René Angélil se font connaître grâce au groupe les Baronets, propulsé au sommet des palmarès québécois en 1964 avec « C'est fou mais c'est tout », une adaptation de la chanson « Hold Me Tight » des Beatles.

7- Le rêveur
CRÉDIT : Archives. Pascal Ratthé/*Le Journal de Montréal*
BAS DE VIGNETTE : En 2007, la chaîne Musimax présente la musicographie de René Angélil, un documentaire musical de quelque 90 minutes retraçant son parcours. La présentation de l'émission donne lieu à un grand événement, où se réunissent des dizaines d'amis et collaborateurs de l'impresario.

8- La loyauté pour devise
CRÉDIT : Archives. Martin Bouffard/*Le Journal de Montréal*
BAS DE VIGNETTE : « Tout va être correct » : quatre mots familiers aux proches de René Angélil, prononcés en gage d'une heureuse issue.

9- L'ambassadeur
CRÉDIT : Archives. Luc Bélisle/*Le Journal de Montréal*
BAS DE VIGNETTE : En 1998, pour la tournée mondiale *Let's Talk About Love*, René fait appel au talent d'André-Philippe Gagnon, qui assurera la première partie du spectacle.

10- Paris, je t'aime
CRÉDIT : Archives. Luc Lafrance/*Le Journal de Montréal*
BAS DE VIGNETTE : Céline et René sont prêts à partir à voyage. (1994)

11- The American Dream
CRÉDIT : Archives. Gilles Lafrance/*Le Journal de Montréal*
BAS DE VIGNETTE : Lors de la cérémonie des World Music Awards tenue à Las Vegas en 2004, Céline reçoit un Diamond Award, qui récompense des ventes d'albums exceptionnelles, dépassant les 175 millions d'exemplaires. « C'est tout simplement incroyable ! J'en parle et j'ai des frissons... », avouait René Angélil quelques jours avant l'événement.

12- Les alliés
CRÉDIT : Archives. *Le Journal de Montréal*
BAS DE VIGNETTE : Au tout début de la carrière de Céline, René se tourne vers Eddy Marnay pour l'écriture des chansons de sa protégée. Décédé en 2003, l'artiste français était considéré comme un père spirituel par le couple.

13- Ouvrir des portes
CRÉDIT : Archives. Luc Bélisle/*Le Journal de Montréal*
BAS DE VIGNETTE : En mars 2000, René Angélil annonce qu'il prend le chanteur Garou sous son aile. À la fin de la même année, ils présentent le premier résultat issu de leur collaboration, l'album *Seul*.

14- Devant la caméra
CRÉDIT : Archives. Chantal Poirier et Ben Pelosse/*Le Journal de Montréal*
BAS DE VIGNETTE : Au cinéma, René Angélil a notamment prêté ses traits au parrain de la mafia Dominic Fagazi dans le film *Omertà*, paru en 2012. « Ça m'a donné le goût de le faire quand j'ai su qu'il y avait Patrick Huard, Michel Côté (photo), Stéphane Rousseau et Paolo Noël (photo). J'ai pensé que ça pourrait être le fun. »

15- L'autre colonel
CRÉDIT : Archives/*Le Journal de Montréal*
BAS DE VIGNETTE : Avec Johnny Farago, René Angélil a assisté aux funérailles d'Elvis Presley à Memphis, en 1977. Les deux hommes sont ici photographiés 20 ans plus tard.

16- Le champion
CRÉDIT : Archives. Martin Bouffard/*Le Journal de Montréal*
BAS DE VIGNETTE : Au printemps 2006, assis à une table de jeu du Caesars Palace, René Angélil accepte de se prêter à une courte séance photo. Impassible, il a la réputation d'être un excellent joueur de poker.

17- L'admirateur
CRÉDIT : Archives. André Viau/*Le Journal de Montréal*
BAS DE VIGNETTE : En 1997, René Angélil reçoit Muhammad Ali au club de golf Le Mirage, bien que le célèbre boxeur ne fasse qu'un bref arrêt de cinq heures à Montréal. Pour son idole, René fait préparer tous les plats au menu du club.

18- Vegas
CRÉDIT : Archives. Martin Bouffard/*Le Journal de Montréal*
BAS DE VIGNETTE : René Angélil, amusé en prenant la pose devant l'affiche du spectacle de Céline, à l'extérieur du Caesars Palace, en 2006. Il a toujours eu une grande affection pour Las Vegas, un immense terrain de jeu pour cet amoureux de spectacles, de poker et de bonnes tables.

19- Un monde à part
CRÉDIT : Archives/*Le Journal de Montréal*
BAS DE VIGNETTE : Le 3 mai 1995, Céline est honorée lors la céré-monie des World Music Awards organisée à Monaco, où la chanteuse Olivia Newton-John lui remet le trophée de l'artiste canadienne ayant vendu le plus d'albums. Présent à l'événement, le prince Albert invite Céline et René à sa table.

20- L'homme d'affaires
CRÉDIT : Archives. Pierre-Paul Poulin/Éric Carrière/*Le Journal de Montréal*
BAS DE VIGNETTE : René Angélil était un client du restaurant Schwartz's, boulevard Saint-Laurent, à Montréal, depuis le début des années 1920 « J'y viens depuis l'âge de 19 ans. C'est mon manager Ben Kaye, un fan de l'endroit, qui me l'a fait découvrir », confie-t-il après avoir acheté le mythique deli avec différents partenaires, en 2012.

21- Le visionnaire
CRÉDIT : Archives. Daniel Mallard/*Le Journal de Québec*
BAS DE VIGNETTE : D'une réunion à l'autre, d'un appel à l'autre, René Angélil a multiplié les décisions qui concrétiseraient sa vision d'une carrière internationale pour Céline.

22- Être et paraître
CRÉDIT : Archives. Martin Bouffard/*Le Journal de Montréal*
BAS DE VIGNETTE : Dans une pièce près de leurs appartements du Colosseum de Las Vegas, Céline et René ont réalisé de nombreux messages vidéo destinés à leurs proches ou à leurs fans. Décor soigné, équipement de pointe : le couple tenait à ce que ces enregistrements soient de la meilleure qualité possible.

23- Œil de lynx
CRÉDIT : Archives. Chantal Poirier/*Le Journal de Montréal*
BAS DE VIGNETTE : René Angélil sur le tournage d'*Omertà* en 2012.

24- Derrière la caméra
CRÉDIT : Archives. Jacques Bourdon/*Le Journal de Montréal*
BAS DE VIGNETTE : Rarement une vedette adulée comme Céline a-t-elle permis aux médias d'avoir accès à des moments aussi intimes de sa vie personnelle et professionnelle. Transparent, le couple Dion-Angélil a été photographié en coulisses, en pleine répétition d'un spectacle ou durant leurs déplacements, comme c'est ici le cas en septembre 1994, trois mois avant leur mariage.

25- Le Mal
CRÉDIT : Archives. Martin Chevalier/*Le Journal de Montréal*
BAS DE VIGNETTE : « Le cancer n'est pas une condamnation, mais un combat que l'on doit mener ensemble. »

Remerciements

La réalisation de ce livre n'aurait pas été possible sans le travail des journalistes, des photographes et des chefs de pupitre du *Journal de Montréal*, qui n'ont ménagé aucun effort pour rendre compte de la carrière exceptionnelle qu'a connue René Angélil.

Des années 1960 à aujourd'hui, ce furent des dizaines de travailleurs de l'information qui menèrent des entrevues et organisèrent des séances photo afin de documenter les réalisations hors du commun de l'impresario québécois.

Un merci tout spécial aux paroliers, aux compositeurs, aux musiciens, aux choristes, aux metteurs en scène, aux techniciens, aux réalisateurs, aux producteurs et aux décideurs de l'industrie musicale qui ont à de multiples reprises rencontré nos équipes pour livrer leur témoignage sur celui qui a bâti la carrière de la plus grande chanteuse du monde.

Merci aussi aux fans de Céline et de René, qui ont toujours fait confiance au *Journal de Montréal* pour leur rapporter des informations justes.

Merci à Céline d'avoir partagé avec nous le talent et l'œuvre d'un homme unique.

À René, où que tu sois : un merci des plus sincères pour ton apport à la culture musicale. Merci pour toutes ces fois où tu as pris le temps de répondre aux questions des journalistes.

Merci d'avoir fait briller le Québec.

Cet ouvrage a été achevé d'imprimer au Québec
sur les presses de Transcontinental
le deux février deux mille seize
pour le compte des Éditions du Journal